Verweile doch, du hast ja Zeit

KLAUS NAGORNI

Verweile doch, du hast ja Zeit

Geschichten zum Aufatmen

GRÜNEWALD

Für Martina

Inhalt

Ein jegliches hat seine Zeit, und alles Vorhaben
unter dem Himmel hat seine Stunde: geboren
werden hat seine Zeit, sterben hat seine Zeit /
pflanzen hat seine Zeit, ausreißen, was ge-
pflanzt ist, hat seine Zeit / töten hat seine Zeit,
heilen hat seine Zeit / abbrechen hat seine
Zeit, bauen hat seine Zeit / weinen hat seine
Zeit, lachen hat seine Zeit / klagen hat seine
Zeit, tanzen hat seine Zeit / Steine wegwerfen
hat seine Zeit, Steine sammeln hat seine Zeit /
herzen hat seine Zeit, aufhören zu herzen hat
seine Zeit / suchen hat seine Zeit, verlieren hat
seine Zeit / behalten hat seine Zeit, wegwerfen
hat seine Zeit / zerreißen hat seine Zeit, zunäh-
en hat seine Zeit / schweigen hat seine Zeit,
reden hat seine Zeit / lieben hat seine Zeit,
hassen hat seine Zeit / Streit hat seine Zeit,
Friede hat seine Zeit.

KOHELET 3,1–8

Einführung

--- Haben Sie einen Augenblick Zeit? Sicher, sonst hätten Sie ja dieses Buch nicht zur Hand genommen. Im Übrigen aber teilen Sie wahrscheinlich mit mir die Überzeugung, dass die Zeit drängt. Zeit ist ein knappes Gut. Wie schön wäre es, man könnte dem Versprechen dieses Buches trauen und fände Wege und Mittel, um endlich Zeit zu haben.

--- Seltsam, wie die Zeit vergeht, sagen wir. Oder auch: Alles hat seine Zeit. Und manchmal: Zeit ist Geld. In solchen Sätzen spiegelt sich unsere Zeiterfahrung. Sobald wir aber genauer nachzudenken beginnen, wird unklar, was Zeit eigentlich ist.

--- Denn offensichtlich existiert nicht nur die eine Zeit, die für alle Menschen gilt. Es gibt viele Zeitformen. Die Zeit, die ich auf dem Zifferblatt meiner Uhr ablesen kann oder auf meinem Terminkalender, ist eine andere Zeit als die, die ich mit einem geliebten Menschen verbringe. Die Zeit, die ich im Spiel, im Theater, in Geselligkeit verbringe, ist eine andere als die im Stau oder im Wartezimmer eines Arztes.

--- Ich erlebe die Zeit in verschiedenen Lebenssituationen unterschiedlich. Eingetaucht in den Fluss der Zeit, kommt dieser mir zuweilen wie ein träge dahingleitender Strom vor, unerträglich langsam und langweilig. Ein andermal aber wie ein eilig über Stock und Stein dahinspringender Bach, munter und quirlig, den ich am liebsten aufhalten möchte.

--- Was also ist die Zeit? Das fragte sich schon Aurelius Augustinus, der große christliche Philosoph des fünften Jahrhunderts. Und
er antwortete: »Wenn mich niemand fragt, weiß ich es. Wenn ich es
aber einem, der mich fragt, erklären möchte, weiß ich's nicht. Dennoch sage ich zuversichtlich, ich wisse, wenn nichts verginge, gäbe
es keine Vergangenheit, und wenn nichts herkäme, gäbe es keine
Zukunft, und wenn nichts wäre, gäbe es keine Gegenwart.«

--- Da aber durchaus etwas geschieht in unserem Leben und auf
dieser Welt, und weil wir selbst mittendrin sind im Fluss dieses
Geschehens, darum, so Augustinus, gibt es auch die Zeit. Selbst
wenn wir nicht genau wissen, was sie ist, können wir, ja müssen
wir versuchen, uns in ein sinnvolles Verhältnis zu ihr zu setzen.

--- Es genügt nicht, bei unserer Ratlosigkeit stehenzubleiben.
Denn im Flusse des Geschehens zwischen den Zeiten, die vergangen sind, und den künftigen Zeiten gibt es durchaus eine
Stelle, wo wir einigermaßen festen Boden unter den Füßen
haben, eine Zeitinsel. Das ist die Gegenwart.

--- Auf der Zeitinsel Gegenwart bewegen wir uns relativ sicher.
Dort leben wir zusammen mit anderen Menschen, planen unser
Leben und treffen Entscheidungen. Auch wenn uns die Gegenwart immer wieder entschwindet, weil sie zur Vergangenheit
wird – manchmal schneller als uns lieb ist –, bleibt sie der Ort,
wo wir unser Leben führen und gestalten.

--- Kluge Denker aller Zeiten haben gewusst: Auch wenn wir
keine abschließende Antwort darauf bekommen, was die Zeit
letztendlich ist, müssen wir mit dem umgehen, was uns von ihr

als Gegenwart begegnet. Verlangsamung und Entschleunigung helfen uns dabei, vor allem, wenn wir unter Druck stehen oder gestresst sind. Sie sind uns eigentlich längst bekannt, wir haben sie nur wie altmodisches Mobiliar eines Tages entsorgt und dann vergessen. Dazu gehören: das Warten und die Pausen, die Mahlzeiten und die Feiertage, die Umwege und die Augenblicke.

--- Um die Kunst des Zeithabens wieder zu erlernen, müssen wir uns dieses Mobiliars erinnern, es entstauben und in unseren Alltag zurückholen. Es sind Zeitformen, mit denen wir dem Druck und dem Drängen der Zeitknappheit ein Schnippchen schlagen und die uns daran erinnern, dass Zeit in erster Linie nicht unser Projekt, sondern ein Geschenk ist.

--- Es geht also nicht darum, die Gefäße unserer Lebenszeit durch höhere Effizienz und intensiveres Zeitmanagement noch mehr anzufüllen oder gar zu vergrößern. Vielmehr müssen wir unsere Aufmerksamkeit auf die Zeitformen richten, die aus unserem Leben verschwunden sind, die wir uns jedoch neu vertraut machen können. Ich bin überzeugt, dass sich dann herausstellen wird, dass in Wirklichkeit viel mehr Zeit da ist, als wir glauben. Von solchen Zeitformen ist auf den folgenden Seiten die Rede: vom Lob des Wartens genauso wie von den Chancen des Umweges, von der Kunst der Pause wie von den Überraschungen des Augenblicks, von der Fülle der Mahlzeit wie von der Zeitoase eines Feiertags. Auch das Anfangen und das Aufhören haben ihre eigene Zeitstruktur und laden zum Innehalten ein. Und schließlich ist die Ewigkeit die Zeit, in der Zeitdruck und alle Hektik aufgehoben sein werden.

Lob des Anfangens

Anfänge markieren einen Übergang. Etwas hört auf und liegt hinter mir. Etwas Neues beginnt. »Und jedem Anfang wohnt ein Zauber inne, der uns beschützt und der uns hilft zu leben«, schreibt Hermann Hesse treffend.

Anfänge sind gute Gelegenheiten zum Innehalten. Bevor ich neu durchstarte, entschleunige ich das normale Lebenstempo. Ich schaue zurück und blicke nach vorn. Vielleicht spüre ich, dass die Zeit, die vor mir liegt, noch die Frische einer unbegangenen Wiese, die Unschuld eines unberührten Schneefeldes hat. Ich frage mich: Wo will ich hin? Was sind meine Hoffnungen? Wer oder was begleitet mich? Welchen Segen nehme ich mit? Jeder Anfang ist eine Zeit des Innehaltens. Darum lobe ich den Anfang.

Morgenwonne

--- Jeder Morgen vermittelt mir das Gefühl des Anfangs. Darüber dichtet Joachim Ringelnatz seine Verse: »Ich bin so knallvergnügt erwacht. / Ich klatsche meine Hüften. / Das Wasser lockt. Die Seife lacht. / Es dürstet mich nach Lüften. / Aus meiner tiefsten Seele zieht / mit Nasenflügelbeben / ein ungeheurer Appetit / nach Frühstück und nach Leben.«

--- Das kleine Gedicht trägt die Überschrift »Morgenwonne«. Ich spüre in diesen Gedichtzeilen etwas vom Glück, am Leben zu sein. Da saugt jemand das Leben in vollen Zügen in sich ein. Da ist der Wunsch, sich zu recken und zu strecken, den Körper zu spüren nach durchschlafener Nacht. Das Verlangen nach frischem Wasser für die Haut und guter Luft zum Atmen. Der Duft von frischem Kaffee und die Lust auf ein gutes Frühstück. Der ganze Lebensappetit auf einen neuen Tag mit allen Überraschungen, die er vielleicht bringt.

--- Ich finde, dass der Anbruch eines neuen Tages besonders geeignet ist, dieses Lebensglück zu spüren. Der Zeittakt des Alltags ist noch nicht in Kraft gesetzt. Die Gesichter schauen noch frisch und unverbraucht in die Welt. Die Worte des Tages sind noch nicht abgenutzt und voller Bedeutung.

--- Solche Inseln im Fluss der Zeit sind etwas Kostbares. So wie es Biotope gibt, in denen die Natur unter besonderen Schutz gestellt ist, brauchen wir geschützte Zeiträume, in denen wir wieder zu uns selbst finden. Oasen zum Auftanken, Pausen zum Atemholen.

--- Leben ist mehr als Arbeiten und Geld verdienen. Jeden Morgen mache ich mir das Glück neu bewusst, einfach nur da zu sein. Ich nehme alle die Dinge wahr, die ich nicht machen, nicht herstellen, nicht kaufen kann – und die doch mein Leben erst schön machen. Ein paar davon hat Joachim Ringelnatz in seinem Gedicht genannt.

--- »Ich bin so knallvernügt erwacht / Ich klatsche meine Hüften. / Das Wasser lockt. Die Seife lacht. / Es dürstet mich nach Lüften. / Aus meiner tiefsten Seele zieht / mit Nasenflügelbeben / ein ungeheurer Appetit / nach Frühstück und nach Leben.«

Nun kann sich alles wenden

--- Das Vogelgezwitscher am Morgen, das hellere Licht, die weichere Luft, es wird Frühling. Mir fallen die Verse eines Gedichts von Ludwig Uhland ein: »Die linden Lüfte sind erwacht, sie säuseln und weben Tag und Nacht.« Das Gedicht besingt aber nicht nur den nahenden Frühling. Es schwingt in ihm eine unglaubliche Zuversicht mit.

--- Sie springt über vom Äußeren ins Innere, überträgt sich von dem, was sich an der Natur beobachten lässt, in die eigene seelische Verfassung. »Nun armes Herze, sei nicht bang!«, heißt es. Und noch einmal: »Nun armes Herz, vergiss der Qual!« Aber woher diese Zuversicht?

--- Die Antwort liegt im Refrain: »Nun muss sich alles, alles wenden.« Jetzt, wo es Frühling wird! Wer so spricht, weiß mehr, als er sieht. Kein Wunder, dass die Verse Uhlands den bemerkenswerten Titel »Frühlingsglaube« tragen. Denn dass sich alles wenden kann, das ist mehr als reine Naturbeobachtung. Die allein könnte nicht so hoffnungsvoll reden.

--- Nur der Glaube, der Frühlingsglaube, geht ins Grenzenlose. Er nimmt den Frühling als den Vorschein einer neuen Sicht des Lebens, als Vorbote eines Wandels und einer Verwandlung, die den verzagten Herzen ihre Angst und den dunklen Tälern, in die man geraten kann, ihre Schrecken nimmt.

--- Nein, das ist wirklich keine Beschreibung, die sich an den Fakten orientiert. Wir reden von Klimakatastrophe. Wir erleben – zumindest in den Nachrichten – Terror und Blutvergießen. Ludwig Uhland aber dichtet: »Die Welt wird schöner mit jedem Tag.«

--- Mich erinnert diese Zeile an einen Vers Martin Luthers. An einen seiner Weihnachtschoräle, in dem es heißt: »Das ewig Licht geht da herein, gibt der Welt einen neuen Schein.« Auch da erscheint das vorläufige Leben im Licht einer endgültigen Erleuchtung. Es werde Licht. So wie es am Anfang war, so soll es auch am Ende sein – und dann ein für allemal.

--- Das weiß allein der Frühlingsglaube. Sein Credo sucht sich seine Hoffnungszeichen in der erwachenden Natur. Er bewältigt die Welt so, dass ihm das sichtbare Blühen und Knospen, Zwitschern und Singen zum Anlass für das dahinterliegende unsichtbare Geheimnis der Schöpfung wird.

--- Im Frühling blüht in der Welt auf, was größer ist als diese Welt. Und das lässt hoffen für diese Welt. Dass sich alles wenden wird. Dass die Unversöhnlichen einander die Hand reichen, dass die Gebeugten sich aufrichten, dass die Rastlosen Ruhe finden. Dass es einen neuen Anfang gibt.

Ich bin für dich da

--- Das schönste Versprechen, das ein Mensch einem anderen geben kann, heißt: Ich bin für dich da. So sagt die Mutter, die ihr Kind durch eine schwere Krankheit begleitet. So sagt eine Frau einem Mann und ein Mann einer Frau, wenn sie einander ein gemeinsames Leben versprechen: In guten wie in schlechten Tagen bin ich für dich da.

--- Und wenn eine Lebenskrise einen einmal so richtig durchschüttelt, wenn der Boden unter den Füßen schwankt, ist es gut, wenigstens einen Menschen zu haben, der einen spüren lässt: Du kannst mit mir rechnen. Ich bin da für dich.

--- In einer Geschichte am Anfang der Bibel wird erzählt, dass Mose in der Wüste einen Dornbusch sieht, aus dem helle Flammen schlagen. Der Busch brennt, aber er verbrennt nicht. In seinem Feuer ist Gott verborgen. Als Mose ihn nach seinem Namen fragt, gibt Gott ihm die rätselhafte Antwort: Ich bin der »Ich bin da«.

--- Ich glaube, besser kann niemand sagen, wer Gott ist. Gewiss hat Gott viele Namen und sein Geheimnis ist nicht einzufangen in Definitionen. Das eine aber ist sicher: Er ist der, der da ist. Er ist da als die Mitte unserer Sehnsucht und als Kraft für einen neuen Anfang.

--- In jedem Atemzug, den wir tun, ist Gott gegenwärtig. »Von allen Seiten umgibst du mich und hältst deine Hand über mir«, heißt es in einem Psalmgebet. So verborgen Gott uns manchmal zu sein scheint, so unerkennbar seine Wege in dieser Welt sind, dieses Versprechen gilt.

--- Die zentrale Botschaft des christlichen Glaubens besteht schließlich darin, dass Gott ganz für uns da ist – so sehr, dass er selbst Mensch geworden ist. Auch die Worte Christi geben Zeugnis davon: Habt keine Angst. Siehe, ich bin bei euch alle Tage, bis ans Ende der Welt.

--- Dieses Wort steht wie ein Torbogen über jedem neuen Anfang. Es ist das Versprechen Gottes, mitzugehen durch Höhen und Tiefen unseres Lebens.

Leben von der Sympathie

--- Am Neujahrstag 1949 schreibt der Schweizer Schriftsteller Max Frisch in sein Tagebuch:

--- »Das Klima der Sympathie – wie sehr wir darauf angewiesen sind! Es zeigt sich, sobald uns eine Sympathie, die lang vorhanden gewesen ist, entzogen wird. Da ist es, als habe man keine Luft unter den Flügeln. Gewiss, man kann die Achseln zucken, sich dorthin wenden, wo Sympathie uns erwartet, oder neue erobern – das alles ändert nichts an dem Schrecken, wie verloren man ist, wo uns die Sympathie entzogen wird. Verloren: ohne Schutzengel.«

--- Sympathie ist etwas, was nicht von uns gemacht werden kann. Sicher, wir können dazu beitragen, dass wir anderen nicht ganz und gar unsympathisch sind. Aber erzeugen können wir Sympathie nicht. Sie wird uns entgegengebracht. Sie ist wie ein Geschenk, das ist das Schöne daran.

--- Max Frisch hat sehr genau beobachtet, dass wir von allem Anfang an von einem Vorschuss leben, den nicht wir in die Kasse des Lebens eingezahlt haben, von Voraussetzungen, deren Vorhandensein nicht in unseren Händen liegt. Er hat diesem Vorschuss den Namen Sympathie gegeben.

--- Wir haben etwas mitbekommen, was uns anderen angenehm macht, liebenswürdig und vertraut. Den Humor vielleicht, den wir haben, mit dem wir auch einmal über uns selbst lachen können. Unsere Fähigkeit, Freundschaft zu schließen oder die Einfühlsamkeit, die es braucht, einen guten Rat zu geben. Vielleicht sogar die Begabung, verkrampfte Situationen auflockern und entspannen zu können.

--- Es ist gut, wenn sich dieser uns mitgegebene Vorschuss nicht aufzehrt, sondern immer wieder neu aufgefüllt wird – eben von den Menschen, denen wir sympathisch sind. Die uns durchaus einmal die Meinung sagen können, aber die uns doch mit einem grundlegenden Vertrauensvorschuss begegnen.

--- Wir leben von der Sympathie. Sie ist die Luft unter unseren Flügeln, die uns trägt. Ohne sie wären wir verloren. Ohne sie wären wir ohne Schutzengel. In seinem bekanntesten Gedicht spricht der Theologe Dietrich Bonhoeffer von den guten Mächten, die uns wie Schutzengel umgeben und behüten. In ihnen erscheint eine Sympathie, die alle menschliche Sympathie übersteigt. Es ist die Sympathie Gottes für uns. Es gehört für mich zu den großen Geheimnissen des Glaubens, dass wir Menschen mit unserer Unvollkommenheit und Fehlerhaftigkeit Gott sympathisch sind.

--- Gerade in den Situationen des Übergangs, da, wo wir vor neuen Anfängen stehen, ist es gut, wenn wir uns dieser Sympathie Gottes für uns erinnern, seiner guten Mächte, die uns begleiten:

--- »Von guten Mächten wunderbar geborgen, erwarten wir getrost, was kommen mag. Gott ist bei uns am Abend und am Morgen und ganz gewiss an jedem neuen Tag.«

Ungeahnte Möglichkeiten

--- Auf einem Kalenderblatt fand ich eine schöne Geschichte: Sie spielt irgendwo im Orient und erzählt davon, wie aus einer unverhofften Begegnung etwas Neues beginnen kann.

--- Ein junger Mann ist auf dem Weg zum nächsten Markt. Er hat einen großen Kupferkessel auf den Rücken geschnallt, in der rechten Hand hält er ein gackerndes Huhn und einen Wanderstab, und an der linken Hand führt er eine Ziege. An einer Weggabelung trifft er ein hübsches Mädchen. Da auch sie zum Markt will, gehen sie gemeinsam weiter. Nach einer Weile kommen sie an eine finstere Bergschlucht. Das Mädchen bleibt stehen: »Nein, durch diese einsame Schlucht gehe ich nicht. Du könntest die Gelegenheit ausnutzen, um mich zu umarmen und zu küssen.«

--- »Wie sollte ich dich denn umarmen und küssen?«, wehrt sich der Junge. »Ich habe einen Kupferkessel auf dem Rücken, an der einen Hand führe ich die Ziege, und in der anderen Hand halte ich ein Huhn und einen Stock.«

--- »Nun«, antwortet das Mädchen, »du könntest das Huhn auf die Erde setzen und den Kessel darüber stülpen, den Stock fest in den Boden stecken und die Ziege daran binden, und dann könntest du mich umarmen und küssen.«

--- Nachdenklich starrt der junge Mann das Mädchen an und entgegnet: »Gott segne deine Weisheit.« Gemeinsam setzen sie ihren Weg fort. Liebe macht erfinderisch, sagt diese Geschichte. Sie lässt selbst eine finstere Schlucht als Raum ungeahnter Möglichkeiten erscheinen.

--- Weil das so ist, preist der Apostel Paulus in seinem Hohen Lied die Liebe höher als alles andere – höher noch als Glaube und Hoffnung. Denn die Liebe enthält alles andere. Sie setzt mich nicht nur in ein besonderes Verhältnis zu mir selbst und zu meinem Gegenüber, sondern bringt mich auch in Berührung zum tragenden Geheimnis meines Lebens.

Vor allem öffnet sie den Blick für neue und ungeahnte Möglichkeiten. »Gott segne deine Weisheit«, sagte der junge Mann am Schluss der Geschichte zu dem Mädchen, das ihm die Augen geöffnet hatte. Gemeinsam setzen sie ihren Weg fort. Und eine neue Geschichte beginnt.

Lob des Wartens

Niemand wartet gern. Beim Einkaufen oder im Restaurant möchte man schnell bedient werden. Einen Stau empfindet jeder als lästig. Warten gilt als etwas, das man am besten vermeidet oder verhindert. Dabei kann Warten auch etwas anderes sein: eine Zeit, in der ich nicht unter dem Druck stehe, ein bestimmtes Ergebnis meines Handelns vorweisen zu müssen. Eine Zeit, in der ich mich dem öffne, was ohne mich geschieht: das Reifen eines guten Weines, das Heranwachsen guter Äpfel, die Ankunft eines ersehnten Briefes oder gar eines geliebten Menschen. Die schönste Wartezeit ist für mich immer die Zeit des Advents, in der ich auf Weihnachten warte. Warten können bedeutet Zeit haben. Darum lobe ich das Warten.

Das Staunen lernen

--- Wer die Kunst des Wartens beherrscht, kann erstaunliche Beobachtungen machen. Davon berichtet der Schriftsteller Erhart Kästner, der über eine Skizze des Malers Caspar David Friedrich schreibt:

--- »Von Caspar David Friedrich gibt es ein Skizzenblatt: Eine Tanne. Dünne Bleistift-Striche, treu, aber wiederum nichts Besonderes. Die ungleich langen, struppig gestockten, weit ausschleppenden Zweige, wer kennt sie nicht. In der Ecke des Blattes ein Bleistift-Vermerk: 5 ½ Stunden.«

--- Und Erhart Kästner fragt sich: »Fünfeinhalb Stunden, eine Menge Zeit, um sie vor einem Baum zu verbringen. Drängt denn die Zeit nicht? Welche Regung, ihn anzubringen, hat ihn veranlasst? Nur, dass dieser Zeichner so lange vor dem Baum, vor dem Ding harrte, wartete, hoffte. Hoffte? Doch offenbar, dass der Baum sich stärker zeige als er.«

--- Dass der Baum sich stärker zeige als er! Eine kostbare Erfahrung, die sich aber nur denen offenbart, die warten können und nicht eilig vorüberhasten. Deren Blick öffnet sich für die feinen Schraffuren der Zweige, das Spiel des grünen Geästs. Eine anmutige Einladung an alle, die das Warten, das Hoffen, vor allem das Staunen nicht verlernt haben.

--- Das schöne alte Wort Anmut! Etwas spricht mich unmittelbar an, geht mir zu Herzen, löst in mir etwas aus. Das kann eine Landschaft sein, die eine Sehnsucht wachruft, ein Baum in seiner gewachsenen Würde, ein erweckender Blick. Etwas jedenfalls, das mich umstimmt und einstimmt auf eine andere Wirklichkeit.

--- In dieser Erfahrung liegt der Ursprung der Religion: in der Kunst, das Staunen zu lernen. Religion hat zutiefst zu tun mit dem Angerührtsein von der Anmut der Schöpfung, die sich dem Geduldigen offenbart.

--- Mit dem Staunen also beginnt es. Dann sitzt ein Maler wie Caspar David Friedrich fünfeinhalb Stunden wartend vor einer Tanne, um ihrem Geheimnis auf die Spur zu kommen. Und plötzlich zeigt sich, dass manche Dinge, die leicht übersehen werden, transparent sein können für etwas Größeres, das darin verborgen ist.

--- Manche Zumutung lässt sich ertragen, wenn ich mich der immer neuen Anmutung des Unscheinbaren öffne. Wenn das Grün des Frühlings Gärten, Straßen und Wälder verwandelt, begegnet sie mir in besonderer Weise – im Farbenspiel der Blumen, im Duft des Flieders, im schwerelosen Gesang der Vögel.

--- Kleine, anmutige Zeichen einer verborgenen Herrlichkeit. Einladende Verlockungen, mich davon berühren zu lassen. Wer warten kann, wird im Kleinen das Große entdecken.

Was alles möglich ist

--- Manchmal kann Warten das Leben retten. Im alten Indien, so wird erzählt, verurteilte ein König einen Mann zum Tod. Der Mann bat den König inständig, das Urteil aufzuheben. Und er fügte hinzu: »Wenn du, König, gnädig bist und mein Leben schonst, verspreche ich dir: Ich werde deinem Pferd innerhalb eines Jahres das Fliegen beibringen.«

--- Der König hielt das für baren Unsinn. Weil er aber sein Pferd über alles liebte, sagte er: »Es sei! Aber wenn das Pferd in dieser Zeit nicht fliegen lernt, hast du dein Leben verwirkt.« Als die Familie des Mannes von seinem Versprechen hörte, war sie fassungslos. »Wie willst du dieses Versprechen einhalten?«, fragten alle. Der Mann antwortete: »So viel kann passieren innerhalb eines Jahres. Der König kann sterben. Oder das Pferd kann sterben. Oder es kann fliegen lernen. Wartet nur ab.« »Es kann alles auch ganz anders kommen«, sagte er sich. Und tatsächlich: Die Geschichte endet so, dass der König stirbt und der zum Tod verurteilte Mann frei kommt.

--- Was mir an dem Mann gefällt, ist sein Sinn für das Mögliche. Er lässt sich nicht von den harten Fakten einschüchtern. Sondern betrachtet sie als Fenster, hinter denen Möglichkeiten wohnen. Der Realismus dieses Mannes besteht darin, an das Mögliche zu glauben und in diesem Sinne aktiv zu warten.

--- Auch von Jesus wird einmal berichtet, dass er mit einer scheinbar ausweglosen Situation konfrontiert war. Ein junger Mann mit einer furchtbaren Krankheit wurde zu ihm gebracht. Alle Heilungsversuche waren gescheitert. Die Eltern sahen keine Möglichkeit mehr, noch irgendetwas für ihren Sohn zu tun. In dieser Lage sagte Jesus: »Alle Dinge sind möglich dem, der glaubt.« Und der junge Mann wurde gesund.

--- Jesus demonstriert, dass Glauben bedeutet, über unsere Wirklichkeit, wie sie ist, hinauszusehen, sich den tieferen
Schichten des Lebens anzuvertrauen. Er sieht, dass unter der
kranken Oberfläche die Möglichkeit zur Heilung wohnt.

--- Während alle wie gebannt auf den Tod starren, macht Jesus
klar, dass Leben eine prima Alternative ist. »Alle Dinge sind
möglich, dem der glaubt.« Der Glauben öffnet die geschlossenen
Fenster unseres Lebens, sodass der Blick frei wird für das, was
sonst noch alles möglich ist – über das hinaus, was uns momen-
tan als realistisch erscheint.

Ein klares Bild

--- Zu einem Einsiedler, der in der Zurückgezogenheit der
Berge lebte, kamen eines Tages Menschen. »Sonderbar, wie du
lebst«, sagten sie. »Was für einen Sinn hat dein Leben in dieser
Stille?«

--- Der Einsiedler war gerade dabei, Wasser aus einem tiefen Brunnen zu schöpfen. Er sah auf und sagte zu seinen
Besuchern: »Schaut hinein in den Brunnen! Was seht ihr?«
Die Leute beugten sich über den Brunnenrand und versuchten
etwas zu erkennen. »Wir können nichts sehen«, sagten sie.

--- Nach einer kleinen Weile sagte der Einsiedler: »Schaut
jetzt in den Brunnen! Was seht ihr?« Noch einmal schauten die
Leute hinunter: »Ja, jetzt sehen wir etwas. Jetzt sehen wir uns.«
»Vorhin, als ich Wasser geschöpft habe«, sagte der Einsiedler,

»war das Wasser unruhig. Da war nichts zu erkennen. Jetzt ist das Wasser ruhig. Das ist die Erfahrung der Stille, nach der ihr gefragt habt: Man sieht sich selbst.«

--- Ich denke manchmal, dass die ständige Bewegung, in die wir uns und andere versetzen, damit zu tun hat, dass wir so wenig erkennen. Die Eindrücke des Alltags zerfließen in uns wie eine bewegte Wasseroberfläche. Am Grund unserer Seele kommen wir nicht zur Ruhe.

--- Wir müssen uns die Erfahrung der Stille erobern und sie, sooft es nötig ist, verteidigen gegen die Zeitfresser, die überall lauern. Mit Sicherheit gewinnen wir dann ein klareres Bild von uns. Das auszuhalten, mag nicht immer leicht sein. Aber es hilft, zu uns selbst zurückzufinden.

--- Am Morgen eines Tages ist es besonders wichtig, sich das klarzumachen. Stille erfahren wir zum Beispiel, wenn wir das Warten zulassen, wenigstens für einige Augenblicke am Tag. Damit unser Leben nicht zerfließt. Um zu verhindern, dass unser Leben seine Gestalt verliert. Damit wir wahrnehmen, wer wir sind und was wir zum Leben brauchen.

Entdeckungen beim Warten

--- Warten Sie gerade auf jemanden oder etwas? Vielleicht auf einen Besuch, der sich für heute angekündigt hat? Oder auf einen Handwerker? Warten Sie irgendwo im Stau oder vielleicht im Wartezimmer eines Arztes?

--- Warten kann unangenehm sein. Warten – das ist oft eine aufgezwungene Verlangsamung unserer Aktivität, ein lästiges Abbremsen der schwungvollen Bewegung, in der wir uns gerade befinden.

--- Ich finde, das Urteil über das Warten ist – in dieser Allgemeinheit – ungerecht. Denn wir messen mit Maßstäben, die unserem aktiven, manchmal hyperaktiven Leben entnommen sind. Es gibt noch andere Maßstäbe. Sie lassen uns im Warten eine Zeitform mit ganz eigenem Charme entdecken.

--- Es gibt nämlich ein Warten, das die Gegenwart nicht möglichst schnell überspringen will, sondern ihr zugewandt bleibt. Dann entdecke ich in der Oberfläche der bleiernen Wartezeit winzige Risse. Spielräume freier Zeit, hinter denen sich neue Möglichkeiten andeuten.

--- Ein solcherart qualifiziertes Warten zeichnet viele biblische Gestalten aus. Sie warten, weil sie wissen, dass das volle Leben sich in der aktuellen Gegenwart noch lange nicht erschöpft. »Meine Seele wartet auf Gott mehr als die Wächter auf den Morgen«, sprechen sie mit Worten eines alten Psalms. Oder: »Aller Augen warten auf dich, und du gibst ihnen Speise zur rechten Zeit.« Ja sogar: »Wir warten auf einen neuen Himmel und eine neue Erde, in denen Gerechtigkeit wohnt.«

--- Das ist ein Warten, das nicht darauf gerichtet ist, dass die verlangsamte Gegenwart so schnell wie möglich in die ausgefahrene Spur der Routine zurückfindet. Es hofft vielmehr darauf, dass in der Gegenwart, im jetzigen Augenblick, Gottes Zuwendung spürbar wird. Etwas, das die Seele erfrischt wie der junge Morgen.

--- Ein solches Warten ist aktiv und spannungsreich. Es ist wachsam und aufmerksam für Menschen und Momente. Es lotet die Chancen des Augenblicks aus, um die zarten Anfänge zu finden, die sich entfalten wollen.

--- Vielleicht entdecke ich dann in der Warteschlange ein Gesicht, das mich ansieht oder einen Menschen, der mich anspricht. Vielleicht öffnet mir das lästige Warten in einem Wartezimmer gerade den Zeitraum, um einen Gedanken fort-zuentwickeln, für den bislang keine Zeit da war.

--- Warten als Zeitraum für Muße und Kreativität – das lässt mich weniger verdrießlich sein, wenn ich heute wieder einmal war-ten muss. In der begründeten Hoffnung, dass aus Langeweile gute Weile wird – reich an schöpferischen Eingebungen und Einfällen.

Erwartung verwandelt

--- Es gibt noch eine ganz besondere Art des Wartens: Da wird das Warten erlebt als vibrierende Spannung, als Verzauberung der Zeit. Etwa wenn sich ein geliebter Mensch angekündigt hat. Wir haben uns über Wochen und Monate, vielleicht Jahre nicht gesehen. Und jetzt steht das Wiedersehen kurz bevor. Was für ein aufregendes Gefühl!

--- Wie war das noch vor dem ersten Rendezvous? Als die Begegnung, die lang erwünschte, endlich zustande kommen sollte? Was ging einem da nicht alles durch den Kopf! Was ziehe ich am besten an? Welche Worte soll ich wählen?

--- Es ist so: Erwartung verwandelt. Sie verändert uns schon, lange bevor das angekündigte Ereignis eintritt oder die erwartete Person vor uns steht.

--- Der christliche Glaube lebt aus dem Gefühl der Erwartung. »Wir warten dein, o Gottes Sohn«, heißt es in einem Kirchenlied, »und lieben dein Erscheinen. Wer an dich glaubt, erhebt sein Haupt, und siehet dir entgegen; du kommst uns ja zum Segen.«

--- Beim Lesen dieser Worte spüre ich, wie ich mit meiner Erwartung an das Leben und an meine persönliche Zukunft aufgehoben bin in dieser größeren Erwartung. Menschen lange vor mir haben sie besungen. Und ich finde bestätigt: Warten kann stark machen.

--- An der biblischen Geschichte vom alten Simeon im Tempel wird mir das besonders klar. Von Simeon heißt es, er wollte nicht sterben, solange er nicht den »Trost Israels« gesehen hätte. So wartet er, Jahr für Jahr, voller Geduld. Eines Tages passiert es dann. Da bringen die Eltern das neugeborene Jesuskind zu ihm in den Tempel.

--- Rembrandt van Rijn hat diesen Augenblick erfüllter Erwartung wunderbar in Farbe umgesetzt. Die Augen des greisen Simeon sind schon trübe, sein Bart ist schneeweiß. Aber mit dem Jesuskind auf dem Arm leuchtet er gleichsam von innen.

Sein Gesicht spiegelt den Glanz des Kindes auf seinen Armen wider. So warten lernen auf eine Erfüllung über mein Leben hinaus, das möchte ich. Dem Alltag zugewandt, aber in ein Licht getaucht, das die Tage von innen her zum Leuchten bringt.

Von der Kraft des Wartens

--- Die Geschichte spielt kurz nach dem Krieg in einer der zerbombten Städte in Deutschland. Noch ist der Schutt der zerstörten Häuser nicht beiseite geräumt, aber die Züge fahren schon wieder. Unversehrt ist die Hoffnung, die Macht der Erwartung.

--- Ein alter Mann geht durch die dunklen Straßen in Richtung Bahnhof. An jedem Freitag tut er das. Die Menschen der Stadt kennen ihn schon, den Alten. Sie kennen seine Aufgeregtheit, seinen erwartungsvollen Blick. Sie wissen, dass der, den der Alte erwartet, auch dieses Mal nicht unter den Ankommenden sein wird.

--- Wen erwartet er überhaupt? Einen Bruder, eine Schwester, die der Krieg von seiner Seite gerissen hat? Oder einen anderen Verwandten, der vielleicht überlebt hat? Oder gar den, der alle Erwartung erfüllt, den Messias, den Christus? Wie in jeder Nacht, so läuft auch in dieser Nacht Zug um Zug ein. Als sich gegen Mitternacht die Bahnsteige leeren, da steht für den Alten wieder einmal fest: Auch diesmal war er nicht dabei. Aber er beschließt: Am Freitag wird er wiederkommen – mit neuer

Geduld, mit neuer Hoffnung. Und mit diesem Gedanken geht der Alte zurück durch die dunklen Straßen, dorthin, wo er hergekommen ist.

--- Ich bin mir nicht sicher: Ist das eigentlich eine traurige Geschichte, weil sie uns von den ständig enttäuschten Erwartungen eines Menschen erzählt? Oder ist es eher eine Geschichte, die Mut macht, weil sie davon berichtet, welche Kraft in der Hoffnung steckt, die einen Menschen immer wieder auf die Beine bringt?

--- Auf jeden Fall aber ist es eine gute Adventsgeschichte. Denn Advent heißt ja: in Erwartung leben. In der Erwartung, dass das, was ist, noch nicht alles ist. Dass vieles in unserem Leben nur eine Andeutung ist von der Erfüllung, die noch kommt. Aber woher wissen wir, dass wir nicht die falschen Erwartungen pflegen? Dass wir nicht am falschen Bahnsteig warten oder am falschen Gleis?

--- Adventlich leben heißt darum, nicht nur der Zukunft zugewandt sein, sondern auch der Vergangenheit. Nicht nur nach vorne zu sehen und nach vorne zu gehen, sondern zu wissen: Gott ist längst angekommen. Seine Spur zieht sich durch die Geschichte der Menschheit und, wenn wir die Augen öffnen, auch durch unser Leben. Dabei kommt beides zusammen, Zukunft und Herkunft. Gott hat die große Distanz zwischen Himmel und Erde überbrückt und ist Mensch geworden. Das ist die Herkunft unserer Hoffnung. Mit dieser adventlichen Erfahrung im Rücken, mit der Gewissheit, dass

Gott angekommen ist auf einem winzigen Fleckchen Erde, in einem Stall, mit dieser Gewissheit warten wir darauf, dass Gott kommt – auch heute.

Wie soll ich dich empfangen?

--- »Wie soll ich dich empfangen? Und wie begegn' ich dir?« So beginnt ein bekanntes Adventslied. Wer so fragt, erwartet jemand Besonderen. Eine Allerweltsbekanntschaft löst solche Fragen nicht aus. So fragt man, wenn man nach einem ganz besonderen Gast ausschaut.

--- In Erwartung eines solchen Besuchs wird alles ein wenig zurechtgerückt und schön gemacht. Die Wohnung wird aufgeräumt. Auch man selbst will doch möglichst aufgeräumt dastehen. Man bereitet sich vor auf das angenehme Ereignis. Innerlich und äußerlich.

--- Und so zieht, allein schon durch die Ankündigung des Besuchs, ein bisschen Festlichkeit in den Alltag ein. Denn der, der da kommt, ist, wie gesagt, ein besonderer Gast. Paul Gerhardt, der das Lied »Wie soll ich dich empfangen« geschrieben hat, weiß, dass er dem Angekündigten eine Menge zu verdanken hat: »Ich lag in schweren Banden, du kommst und machst mich los. Ich stand in Spott und Schanden, du kommst und machst mich groß. Und hebst mich hoch zu Ehren, und schenkst mir großes Gut, das sich nicht lässt verzehren, wie irdisch Reichtum tut.«

--- Der Gast scheint uns gut zu kennen. Die oftmals vergeblichen Versuche, etwas darstellen zu wollen. Den Kampf um Anerkennung und Würdigung. Die Mühe, sich selbst groß machen zu wollen.

--- Das brauchst du alles gar nicht, sagt der Gast. Ich mache das für dich. Ich mache dich groß. Ich bringe dich zu Ehren. Ich schenke dir einen Reichtum, der nicht vermodert, sondern unverlierbar ist.

--- Und so hält Festlichkeit Einzug bei mir. Der Glanz des Kommenden fällt auf mein Leben. Jemand steht vor der Tür, der einzieht in meine Traurigkeiten. »Als mir das Reich genommen, da Fried und Freude lacht, bist du, mein Heil, gekommen, und hast mich froh gemacht.«

--- Irgendwann, als ich feststellte, dass mein Leben unter meinen Händen zerbröselt wie mürber Kuchenteig, da hast du dich angekündigt. Zeigtest du dich ernsthaft interessiert an mir.

--- Und also frage ich jetzt: Wie soll ich dich empfangen? Angesichts deines Besuchs kann doch nicht alles beim Alten bleiben. Da zünde ich doch wenigstens eine, besser zwei, drei, vier Kerzen an. Und bald die Lichter eines ganzen Weihnachtsbaums.

--- Und dann gehe ich dir entgegen, Schritt für Schritt, hole dich ab, wenn du kommst, und lasse dich zu mir herein. Sei willkommen, lieber Gast, sage ich dir, sei willkommen unter meinem Dach!

Lob des Umwegs

Umwege vermeiden, schnell und direkt ans Ziel kommen, das ist heute verbreitete Lebensmaxime. Dabei können Umwege ihren eigenen Charme entwickeln. Wer einen ausgefahrenen Weg verlässt, wird neue Entdeckungen machen. Auf einem Umweg hat Kolumbus Amerika entdeckt. Ich selbst erinnere mich an manche Situation, in der ich mich beim Durchstreifen einer fremden Stadt oder einer mir unbekannten Landschaft verlaufen hatte und dann – auf Umwegen – manches Neue und Kostbare entdeckte. Im Leben haben mir oft Situationen, die ich zunächst als Umweg oder als Krise erlebte, neue Perspektiven und Chancen eröffnet. Darum ist die Zeit des Umwegs keine verlorene Zeit. Ich gewinne das Unerwartete, Unvorhergesehene, vielleicht sogar des Rätsels Lösung. Darum lobe ich die Umwege.

Eine Chance für das Unvorhergesehene

--- Man soll den Tag nicht vor dem Abend loben, sagt ein Sprichwort. In der Tat: Nicht alles, was am Morgen strahlt, glänzt auch noch am Abend. Den Vogel, der am Morgen pfeift, frisst am Abend die Katze.

--- Alle Lebenserfahrung zeigt: Erst rückblickend auf den abgelaufenen Tag lässt sich sagen, ob es ein guter Tag war, wenigstens ein erträglicher oder vielleicht doch ein schwerer Tag?

--- Man soll den Tag nicht vor dem Abend loben. Das ist wahr. Aber ebenso wahr ist: Man soll ihn auch nicht vor dem Abend tadeln. Denn in den Stunden des Morgens wird uns das Leben neu geschenkt mit allen Chancen zu einem neuen Anfang. Darum freue ich mich jedes Mal, wenn Menschen gerade morgens nicht schweigend aneinander vorübergehen, sondern sich einen »Guten Morgen« wünschen.

--- Das macht klar: Dass der Morgen ein guter Morgen wird, das kommt nicht von alleine. Ich kann etwas dazu beitragen – einen Wunsch, eine Bitte, einen Segen. Jeder Morgen bietet die Gelegenheit, dem Tag eine Richtung zu geben.

--- Was nicht ausschließt, dass manches, was nicht geplant war, dazwischen kommt. Ein alter Freund taucht plötzlich auf, und ich habe das Problem, das Treffen in meinem Terminkalender unterzubringen. Die Nachricht vom Tod eines lieben Verwandten erreicht mich. Ein seit langem festgesetzter Gesprächstermin platzt.

--- Aber liegt nicht gerade in den vermeintlichen Verzögerungen und Umwegen die Chance, dass dieses Unvorhergesehene zum Baustein eines guten Tages werden kann?

--- Der alte Freund bringt mich wieder in Berührung mit einem fast vergessenen Teil meines Lebens. Die Todesnachricht lässt mich zur Besinnung auf das kommen, was im Leben wirklich zählt. Der geplatzte Gesprächstermin schafft mir dringend benötigten Spielraum.

--- Vielleicht waren es solche Erfahrungen, die Rainer Maria Rilke schreiben ließen: »Du musst das Leben nicht verstehen, dann wird es werden wie ein Fest. Und lass dir jeden Tag geschehen, so wie ein Kind im Weitergehen von jedem Wehen sich viele Blüten schenken lässt.«

--- Offen zu sein für das Unvorhergesehene, sich jeden Tag im Weitergehen viele Blüten schenken lassen: leichte und heitere, aber auch schmerzensreiche und trostvolle, die sich erst langsam öffnen werden. Dann kann man den Tag auch am Abend noch loben.

Zerbrechliches Leben

--- Es ist ein sonniger Spätsommertag, die Straße ist trocken. Eine jener Autofahrten, bei der man am Steuer sitzt und ohne Zeitdruck durch eine fremde und doch irgendwie vertraute Landschaft gleitet. Vorbei an Bäumen und Wiesen, hin und wieder ein Haus. Ich habe das Gefühl: Ich bin mit mir im Lot. Die Welt ist schön.

--- Der Wagen kommt mit überhöhter Geschwindigkeit auf mich zu. Es ist eine langgezogene Linkskurve. In der Erinnerung erscheint sie mir unendlich lang. Wie in Zeitlupe sehe ich, wie das mir entgegenkommende Auto langsam über den Mittelstreifen getragen wird.

--- Der Fahrer hat die Kontrolle über sein Fahrzeug verloren. Es verlässt die vorgezeichnete Bahn und rast direkt auf mich zu. Nur um Haaresbreite verfehlt er mich. Im Rückspiel sehe ich, wie der Fahrer des Wagens den Kurs korrigiert und mit hohem Tempo entschwindet.

--- Ich biege mit weichen Knien auf einen Feldweg ab und atme tief durch. Mir ist klar, dass das Ganze böse hätte ausgehen können. Ich sehe Bilder, wie meine Angehörigen von dem schweren Unfall benachrichtigt werden. Es dauert eine Zeitlang, bis ich meine Fahrt fortsetzen kann.

--- »Mitten wir im Leben sind, von dem Tod umfangen.« Mir fallen die Zeilen dieses alten Chorals ein. Es ist ja wahr: In dieser gefährlichen Situation war ich nur wenige Sekunden weit vom Tod entfernt. Alles wird plötzlich unwichtig: die Termine, die zu erledigen sind, der Ärger, den man hatte, die Dinge, die einem eben noch unglaublich bedeutsam waren.

--- Wie zerbrechlich dieses Leben ist! Wenige Sekunden genügen, um einen Menschen vom Leben in den Tod zu befördern. Wie viel Verdrängung gehört dazu, das immer wieder zu vergessen. Wie viel Ablenkung ist nötig, um sich einzubilden, dass das, was ist, auf ewig so bleiben müsse.

--- »Herr, lehre uns bedenken, dass wir sterben müssen, auf dass wir klug werden«, heißt es in einem Psalmgebet. Das ist nicht gesagt, um einem die Freude am Leben zu verderben. Es geht dem Beter dieses Psalms nicht um Melancholie, sondern um Klugheit.

--- Klug ist, wer weiß, dass die Lebenszeit bemessen und darum unendlich kostbar ist. Wann das Maß voll ist, weiß kein Mensch, sondern Gott allein. Ich kann mir nur klarmachen, dass jeder Tag ein neues Geschenk ist. Die Unterbrechung meiner temporeichen Fahrt hat mich darauf wieder aufmerksam gemacht.

Perspektivenwechsel

--- Der schwedische Film »Wie im Himmel« hat mich berührt und begeistert. Es ist die Geschichte eines Umwegs. Ein hochtalentierter Musiker und Dirigent, der am Anfang einer großen Karriere steht, bricht nach einem Konzert im tosenden Applaus des Publikums zusammen. Diagnose: Herzinfarkt.

--- Er begreift: Er wird nicht weiterleben können wie bisher. Eigentlich will er es auch gar nicht mehr. Er fasst den Entschluss, alles aufzugeben und zurückzugehen in das Dorf seiner Kindheit.

--- Schnell stellt sich heraus, dass das Dorf keine heile Welt ist. Der gewalttätige Mitschüler von einst terrorisiert auch heute noch Menschen, vor allem seine eigene Ehefrau. Die Dorfbewohner verschließen die Augen vor den jähzornigen Ausbrüchen

des Mannes. Es herrscht der Geist einer dumpfen Resignation.
Aber es gibt einen Chor. Er ist das einzige Band, das die Menschen zusammenführt. Und ist der Gesang auch eher kläglich
als schön, so sind doch die Chorproben etwas, was Abwechslung
in das Leben der Dorfbewohner bringt.

--- Die Wende kommt mit dem Moment, als sich der einstige
Dirigent dafür gewinnen lässt, diesen Chor zu übernehmen. Bei
ihm lernen die Menschen nicht nur zu singen, sondern auch
zu leben. Ihm, der selbst angeschlagen ist, gelingt es, durch die
Musik aus dem zusammengewürfelten Haufen eine begeisterte
Gemeinschaft zu machen, die singt »wie im Himmel«.

--- Ihr müsst nur die Ohren aufmachen, sagt er ihnen gleich am
Anfang in der ersten gemeinsamen Chorprobe, das ist das Geheimnis, ihr müsst nichts machen, nichts hinzuerfinden – es ist
alles da. Nur hören, darauf kommt es an.

--- Dies ist auch der Schlüssel, der den Zugang zu dem, was
Glaube ist, enthält. Glaube im christlichen Sinn beginnt mit
dem Hören. Er beginnt mit diesem: Es ist alles da. Ihr müsst es
nur hören.

--- Ich möchte es versuchen, mein Hören zu schulen und acht-
zugeben – auf die Signale, die mir mein Körper gibt, auf die
Stimmen der Menschen in meiner Nähe, auf das Wort Gottes,
das mich aus der Lektüre der Bibel erreicht oder auch aus der
Zeitung. Im Vertrauen darauf, dass schon da ist, was ich für
diesen Tag brauche und was ich manchmal nur auf Umwegen
entdecke.

Die Schönheit des Unvollkommenen

--- Manchmal ist es schwer, mit dem Gefühl der eigenen Unvollkommenheit fertig zu werden, wo sich doch der Wunsch nach Ganzheitlichkeit und Ganzheit überall bemerkbar macht. Er artikuliert sich als Ideal, nach dem man gerne leben würde – und an dem man doch immer wieder scheitert. Er wird als Maßstab, an dem wir gemessen werden, an uns herangetragen. Dazu eine kleine Geschichte. Sie erzählt, wie die Frauen eines Dorfes jeden Morgen mit ihren Tonkrügen zum Fluss hinabgehen, um Wasser zu schöpfen.

--- Eines Tages zerbricht einer der Frauen durch eine Unachtsamkeit ihr Krug in viele Stücke. Sie ist zu arm, um sich einen neuen zu besorgen. Und so flickt sie die Teile notdürftig wieder zusammen. Aber der Krug ist fortan nicht mehr dicht.

--- Wenn sie morgens zusammen mit den anderen Frauen mit den gefüllten Krügen den Weg zurück zum Dorf nimmt, dann tropft das Wasser aus ihrem Krug. Es tropft so stark, dass bei ihrer Ankunft im Dorf nicht einmal mehr die Hälfte des Wassers im Krug ist.

--- Die Frau ist untröstlich. Sie macht sich Vorwürfe wegen ihrer Unachtsamkeit. Sie beklagt ihre Unfähigkeit, nicht ausreichend zur Wasserversorgung im Dorf beitragen zu können. Sie empfindet ein großes Ungenügen darüber, dass sie mit einem mühsam zusammengeflickten Krug unterwegs sein muss.

--- Eines Tages machen die anderen Frauen eine aufregende Entdeckung. Der schmale Pfad, den sie morgens zum Fluss und wieder zurück zum Dorf gehen, ist plötzlich nicht mehr staubig und trocken, sondern gesäumt mit den schönsten Blumen. Überall blüht und duftet es.

--- »Das haben die Wassertropfen bewirkt, die du unterwegs verloren hast«, sagen die Frauen. »Sie haben die Erde fruchtbar gemacht. Sie machen uns den Weg schöner und die Arbeit leichter.«

--- Die Geschichte zeigt: Gerade das Unvollkommene und Fragmentarische ist es, das dem Leben seinen Reiz und seine Schönheit gibt. Es sind Schätze, die die Sehnsucht danach wachhalten, dass das Unvollkommene einmal zusammengeführt wird zu einem Ganzen, dass die Fragmente unseres Lebens in einen Zusammenhang hineingestellt werden und dass es dort, wo vertrocknetes Land war, zu grünen beginnt.

Lebensmuster

--- Was ist der Sinn des Lebens? Diese Frage ist ja keineswegs immer präsent. Sie taucht nur bei bestimmten Gelegenheiten auf. Wo das Leben uns auf Trab hält, wo alle unsere Kräfte gefordert sind, stellt sie sich nicht.

--- Wenn aber eine Störung eintritt – eine Krankheit, der Verlust eines Menschen oder eine sonstige Bedrohung –, ist sie sofort da, die Frage: »Welchen Sinn macht das alles?« Sie markiert einen Bruch in meinem Lebensentwurf, sie erscheint, wenn ich der Sinnlosigkeit begegne.

--- Welchen Sinn hat mein Leben? Bevor ich so fragen kann, haben mir andere Menschen darauf längst eine Antwort gegeben. Die Mutter, der Vater, Familienmitglieder sagen mir, worauf es ankommt im Leben, worin der Sinn liegt. Ihre Antworten beeinflussen und begleiten mich, manchmal ein Leben lang.

--- Irgendwann aber passen diese Auskünfte nicht mehr. Die Welt der Kindheit zerbricht und mit ihr alle ihre Sinnhaftigkeiten. In den Scherben muss ich selbst nach Sinn suchen. Neue Sinngebungen erscheinen auf der Bühne des Lebens: der Beruf, der Lebenspartner, Spaß am Erfolg, Lust an der Macht. Aber das sind zerbrechliche Dinge. Hin und wieder gehen sie auch zu Bruch, nur die Frage bleibt und stellt sich immer wieder: Welchen Sinn hat mein Leben?

--- Ich will eine Antwort versuchen, indem ich zwei kurze Geschichten erzähle. Die erste erzählt von zwei Mönchen. Die beiden lesen in einem alten Buch von einem Ort am Ende der Welt, wo Himmel und Erde sich berühren. Dort sei eine Tür, und wem sie aufgetan werde, der gelange hinein in den Glanz Gottes. Die beiden Mönche machen sich also auf eine lange Reise voller Entsagungen. Sie bestehen tausend Gefahren und kommen schließlich ans Ziel.

--- Da ist die Tür, gleich werden sie im Glanz Gottes stehen. Wie Kinder fassen sie sich an der Hand und mit geschlossenen Augen treten sie über die Schwelle. Sie blicken auf und befinden sie sich in der Zelle ihres Klosters, aus dem sie vor langer Zeit aufgebrochen waren. Auf dem Tisch liegt die aufgeschlagene Bibel. Und die Glocke ruft zum Morgengebet.

--- Diese Geschichte sagt, dass der Sinn des Lebens nicht irgendwo jenseits meines Alltags zu finden ist, außerhalb oder oberhalb des Lebens. Jede noch so weite Reise bringt mich doch immer wieder nur zurück in meine Gegenwart. Meine Lebensreise findet ihre Erfüllung nicht irgendwo am Ende der Welt, sondern mitten in diesem Leben.

--- Gott ist im Diesseits jenseitig, hat Bonhoeffer das einmal genannt. Er ist die Tiefendimension meines alltäglichen Lebens. Er ist das Geheimnis meiner Gegenwart, der »Schatz im Acker«, von dem Jesus einmal spricht. Manchmal allerdings ist eine Reise um tausend Ecken mit Umwegen und Abwegen nötig, um das zu entdecken.

--- Auch in der zweiten Geschichte geht es um eine Reise – wie ja überhaupt Reisen oft als Symbole für das menschliche Leben gelesen werden können. Ein Wunderknabe, dem alles gelingt, was er in die Hand nimmt, macht sich auf die Wanderschaft, um die Welt zu erobern. Je länger er unterwegs ist, desto mehr bedrückt ihn eine seltsame Erfahrung. Immer wieder kommt er an Weggabelungen und Kreuzungen, an denen er sich für einen Weg entscheiden muss.

--- Und immer stärker erlebt er diese Entscheidung als einen Verlust, weil er nur einen Weg gehen kann und all die anderen auslassen muss. Von allen Möglichkeiten, die ihm das Leben bietet, bleibt ihm immer nur eine, die er ergreifen kann. So fragt er sich wieder und wieder: War meine Entscheidung richtig? Hätte ich nicht besser den anderen Weg nehmen sollen?

--- Es kommt ihm so vor, als schrumpfe sein Leben immer weiter zusammen, als habe er tausend Möglichkeiten verpasst. »Im Grund habe ich immer nur verloren«, sagt er schließlich, »an Boden, an Wissen, an Träumen. Ich bin mein Leben lang kleiner geworden. Jeder Schritt hat mich von etwas weggeführt.«

--- Müde geht er seinen Weg zu Ende. Da stellt er plötzlich fest, dass er auf einem Gipfel angekommen ist. Er schaut sich um und sieht sein ganzes Leben wie eine Landschaft vor sich liegen. Alles kann er plötzlich überschauen – auch den Boden, den er verloren glaubte, auch die verpassten Abzweigungen und Wege. Am Ende der Geschichte zeigt sich, dass er im Kleiner- und Kürzerwerden ein Leben lang aufwärts gegangen war.

--- Denn der Sinn, so sagt es diese Geschichte, offenbart sich vom Ende her. Wo ich nur Scherben sehe, Bruchstücke, da zeigt sich im Rückblick ein buntes Mosaik, in dem jedes Teilchen seinen Platz hat. Aus den unzähligen Fragmenten meines Lebens wächst ein Ganzes. Ein Zusammenhang wird sichtbar, den ich während des Lebens meist gar nicht sehe. Der Sinn zeigt sich erst, wenn ich zurückschaue auf meinen verzweigten und manchmal auch verwirrten Lebensweg.

Geschichten von Wegen und Umwegen

--- Über die Wirkung des lebendigen Wortes erzählt Martin Buber eine wunderbare Geschichte: »Mein Großvater war lahm. Einmal bat man ihn, von seinem Lehrer zu erzählen. Das war der berühmte Mystiker Baalschem, der beim Beten zu hüpfen und zu tanzen pflegte. Mein Großvater stand auf und erzählte. Und die Erzählung riss ihn hin, dass er hüpfend und tanzend zeigen musste, wie der Meister es gemacht hatte. Von der Stunde an war er geheilt.«

--- So soll man Geschichten erzählen, kommentiert Martin Buber am Schluss diese Anekdote. Und wirklich, Geschichten können lebendig machen. Sie helfen dem Lahmen auf die Füße. Sie heilen die verwundete Seele und zeigen: Zum Leben gelangt man oft nur auf Umwegen.

--- Wer die Bibel liest, kann erleben, wie die Vergangenheit die Gegenwart berührt. Die kleinen Tode, die Menschen erleiden, kommen darin vor, die schmerzvollen Trennungen und Abschiede, und der große Tod, der am Ende von allem steht.

--- Da sind die Hoffnungs- und Schmerzgeschichten der Liebe, die sich wie ein roter Faden durch das Leben ziehen, den wir manchmal verlieren und doch immer wiederfinden. Da finden sich alle die widersprüchlichen Erfahrungen, die Wege und Umwege, die Hoch-Zeiten und die Tief-Zeiten, die plötzlich in ein neues Licht geraten.

--- Das, was als Verlust erschien, ist Gewinn. Aus Geringem wächst Großes. Wer sein Leben unter die Maxime grenzenloser Selbstoptimierung stellt, wird es verlieren. Wer loszulassen lernt, dessen Hände werden gefüllt.

--- Die Bibel ist ein Schlüssel, um diese Welt lesen zu lernen. Die Dinge sind eben nicht das, als was sie erscheinen. Sie sind ganz anders. Das Verlorene ist nicht verloren. Das am Rand Stehende rückt in die Mitte. Die Untröstliche wird umarmt. Der Feind wird zum Freund. Die Trauernden tanzen. Die Toten stehen auf.

--- Albert Camus hat mit dem Mythos des Sisyphus den Menschen in einer absurden Welt beschrieben. Die Bibel entgegnet: Das Absurde hat nicht das letzte Wort. Die Absurdität ist nur eine der vielen Schalen, hinter der die Wirklichkeit Gottes verborgen ist.

--- Die Geschichten der Bibel nachlesend und nachsprechend, werden wir angerührt von der ihnen innewohnenden Kraft. Erfahren wir, dass die Geschichten unseres Lebens geborgen sind in einer größeren Geschichte und dass Umwege ihren Sinn haben. Und werden vielleicht sogar zum Hüpfen und Tanzen inspiriert wie der lahmende Großvater.

Die Sprache wiederfinden

--- »Siehe, um Trost war mir sehr bange. Du aber hast dich meiner Seele herzlich angenommen, dass sie nicht verdürbe.«

Die Worte stammen von einem Mann in den besten Jahren, wie wir heute sagen würden. Es ist der israelitische König Hiskia, der von einer lebensbedrohlichen Krankheit wieder genesen war. Die Geschichte einer Krankheit und einer Genesung, erzählt vom Propheten Jesaja im Alten Testament.

--- In einem ergreifenden Gebet wendet sich der todkranke König an Gott. In packenden Bildern malt er sich das Schicksal aus, das ihm bevorsteht: »Nun muss ich zu des Totenreiches Pforte fahren in der Mitte meines Lebens, da ich doch gedachte noch länger zu leben. Zu Ende gewebt habe ich mein Leben wie ein Weber; er schneidet mich ab vom Faden.«

--- Mitten in der Rede Hiskias ändert sich ganz unvermittelt der Ton seines Gebets. Plötzlich tritt an die Stelle der Klage Zuversicht, das Vertrauen, bei Gott geborgen zu sein. »Siehe, um Trost war mir sehr bange. Du aber hast dich meiner Seele herzlich angenommen, dass sie nicht verdürbe.«

--- Hiskia weiß, dass es keine Garantie gibt, am Leben zu bleiben, und schon gar keinen Anspruch darauf. In seiner Not überlässt er sich aber nicht passiv seinen düsteren Gedanken, sondern leiht sich Worte eines alten Klagepsalms. Weil ihm selbst die Worte fehlen, holt er sich Hilfe in Sätzen, die andere Menschen vor ihm formuliert haben – in ähnlich schwerer Lage.

--- Es ist eine gute Erfahrung, wenn man dem Verhängnis gegenüber nicht stumm bleiben muss. Manch einer findet in den alten Texten und Gebeten der Bibel einen Ausdruck für das, wofür ihm selbst die Sprache fehlt. Worte, in die man sich einhüllen kann wie in ein fremdes, aber doch wärmendes Gewand; die dem Ereignis, das man als aussichtslos erachtet, eine Wende geben.

--- »Siehe, um Trost war mir sehr bange. Du aber hast dich meiner Seele herzlich angenommen, dass sie nicht verdürbe.« Die Heilung des Hiskia beginnt in dem Moment, in dem er sein Leiden nicht mehr als ein anonymes Schicksal erlebt, sondern ahnt, dass es in allem und hinter allem ein Du gibt, das er ansprechen kann.

--- Ein Blickwechsel ist dazu nötig. Es ist die tröstliche Gewissheit: Du wirst nicht abstürzen. Ich lasse dich nicht fallen. Du sollst leben.

Plädoyer für die Unzulänglichkeit

--- In San Franzisko, so stand in der Zeitung zu lesen, sprang ein Mann von der Golden Gate Bridge. Er hinterließ als Abschiedsbrief einen Zettel, auf dem stand: »survival of the fittest – adiós – unfit«.

--- Übersetzt heißt das ungefähr: »Der Fitteste überlebt – lebt wohl! – einer, der nicht fit war«.

--- Wenn die Messlatte für das, was lebenswert und liebenswürdig ist, so hoch gelegt wird, dass Menschen nur noch unter dieser Latte hindurchlaufen können, dann wird Fitness brutal und der Überlebenskampf tödlich.

--- Als junger Pfarrer in Heidelberg, ich hatte gerade meine erste Stelle angetreten, bekam ich mit, wie der Küster in der Sakristei aufräumte und eine handtellergroße Gipsfigur weg-packen wollte. Es war die schlichte Kopie einer Christusfigur des dänischen Bildhauers Bertel Thorvaldsen, deren Original in der Liebfrauenkirche in Kopenhagen steht.

--- Ich erbat mir die Figur und habe sie bis heute behalten. Alle meine Umzüge hat sie mitgemacht. Heute steht sie auf meinem Bücherschrank: der segnende Christus, der die Mühseligen und Beladenen zu sich ruft.

--- »Kommet her zu mir alle, die ihr mühselig und beladen seid«, das drückt seine Körperhaltung aus. Die geöffneten Arme, die denen eine Zuflucht geben, die sonst nirgends eine haben.

--- Wie gut, denke ich, dass es diese offenen Arme gibt! Hier lerne ich eine andere Wertordnung kennen als das Prinzip, wonach nur der Fitteste überlebt. Sie lautet: »Selig sind, die reinen Herzens sind. Selig sind, die da Leid tragen. Selig sind die Sanftmütigen.«

--- Vielleicht ist das heute eine Frau, die das Lächeln nicht verlernt hat, obwohl sie manche Nacht am Bett ihres kranken Kindes gewacht hat. Vielleicht ist das ein Schüler, der sich auf dem Pausenhof auf die Seite eines Klassenkameraden stellt, der sonst immer nur von anderen gehänselt wird. Vielleicht ist das ein Mensch, der unter einer schweren Krankheit leidet, und dennoch seinen traurigen Angehörigen Trost zuspricht.

--- Niemand muss von einer Brücke springen, wenn er weiß, es gibt diese offenen Arme. Da bin ich willkommen und angenommen, wie ich bin. Da ist ein Zufluchtsort, der zum Ort eines neuen Aufbruchs werden kann. Erquickt und gestärkt und erfüllt mit neuer Zuversicht, kann ich von da aus zurückgehen in meinen Alltag.

Bewährtes Vertrauen

--- Heute ist das Trampen fast ganz aus der Mode gekommen. Aber es gab Zeiten, wo es für junge Leute ohne Geld die einzige Möglichkeit war, um von A nach B zu gelangen. Was sollte man sonst tun, wenn man trotz knapper Mittel auf eine Reise nicht verzichten wollte?

--- Also stellte man sich an die Straße, hielt den Daumen in die Höhe und wartete, dass von den vorbeibrausenden Autofahrern jemand anhielt und den armen Anhalter ein Stück mitnahm. Das war dann immer ein kleines Abenteuer.

--- Denn beim Trampen konnte man gute und weniger gute Erfahrungen machen. Oft musste man die Demonstration rasanter Fahrkünste über sich ergehen lassen, oder sich politische Meinungen anhören, denen man unter normalen Umständen gerne widersprochen hätte. Aber man wollte ja nicht gleich wieder aus dem Auto fliegen.

--- Richtig übel allerdings erging es Georg Neumark, der in jungen Jahren von Leipzig Richtung Lübeck trampte.

Unterwegs mit einer Kaufmannsfuhre, die ihn mitgenommen hatte, wird er überfallen. Seine wenigen Habseligkeiten fallen in die Hände von Dieben.

--- Und doch – er entschließt sich, wie er später schreibt, »unter dem Schirm Gottes weiterzuwandern in der Hoffnung, der liebe Gott würde mir ja unterwegs helfen«. Das war im Jahr 1641. Neumark schlägt sich durch nach Norden, sucht Arbeit und findet schließlich in Kiel eine Anstellung als Hauslehrer. Für dieses »gleichsam vom Himmel gefallene Glück, das ihn herzlich erfreute«, dichtet und vertont er den Text seines Liedes, das heute im evangelischen wie im katholischen Kirchengesangbuch zu finden ist:

--- »Wer nur den lieben Gott lässt walten und hoffet auf ihn allezeit, den wird er wunderbar erhalten in aller Not und Traurigkeit. Wer Gott, dem Allerhöchsten, traut, der hat auf keinen Sand gebaut.«

--- Wer hier spricht, ist kein alter Mann, der das Leben hinter sich hat. Sondern ein gerade mal Zwanzigjähriger. Erstaunlich ist der Blick, mit dem er auf Erlebtes und Erlittenes zurückschaut. Keine Vorwürfe, weder an sich selbst noch an Gott. Kein Selbstmitleid, sondern ein schwungvolles Danklied, das damit rechnet: Der Gott, der bislang in meinem Leben waltete, der wird mich auch in Zukunft erhalten.

--- Wie schafft man das, so zu glauben, ein solches Vertrauen aufzubauen? Ich meine, indem man es einfach mal ausprobiert, dieses Lied vor sich hinsummt und den einen oder anderen Vers vielleicht sogar singt. Und dann darauf achtet, wohin einen Text und Melodie tragen.

Lob der Pause

Von dem Karlsruher Philosophen Peter Sloterdijk stammt die Vermutung, »dass ein guter Teil des wirklichen Lebens sich nicht auf dem Spielfeld, sondern im Seitenaus abspielt, nicht während des Hauptprogramms, sondern in der Pause«. Ich teile diese Beobachtung. Oft ist es gar nicht so sehr irgendeine Veranstaltung, die unser Interesse auf sich zieht, sondern es ist die Zeitlücke zwischen den Programmpunkten. Pausen sind lebensnotwendige Unterbrechungen, in denen sich das eigentliche Leben bemerkbar macht, Zeiten zum Abschalten und Nachdenken, zum Verarbeiten und zum Kräftesammeln. Pausenlose Gespräche wären ein Horror. In der Musik ist es die bewusst gesetzte Pause, die den folgenden Akkorden ein besonderes Gewicht verleiht. Darum lobe ich die Pause!

Wie soll es weitergehen?

‑ ‑ ‑ Da musste ich einfach stehen bleiben: vor dem Schaufenster meines Buchladens. Mein Blick war auf eines der ausgestellten Bücher gefallen. Eigentlich weniger auf das Buch als auf seinen Titel. Der lautete »Aber wer einmal lebt, muss es ununterbrochen tun«.

‑ ‑ ‑ Allein wegen des Titels habe ich das Buch gekauft. Und habe dabei erfahren, dass der Satz von dem Schriftsteller Wilhelm Genazino stammt. Ich finde ihn gut: Wer einmal lebt, muss es ununterbrochen tun.

‑ ‑ ‑ Er sagt ja: Aussetzen, pausieren *im* Leben, das geht. Aber aussetzen, pausieren *vom* Leben, das geht eben nicht. Jede Tätigkeit kann ich unterbrechen oder für eine Zeit mal ruhen lassen. Aber leben selbst, das muss man ununterbrochen tun.

‑ ‑ ‑ Nicht immer ist das lustig. Manchmal kostet das viel Kraft, mehr als man vielleicht hat. Es gibt Durststrecken und Sackgassen, Umwege und nicht selten auch die zaghafte Frage: »Wie soll es weitergehen?« Dann ist es gut, Kraftquellen zu kennen, aus denen man schöpfen kann.

‑ ‑ ‑ Mir hilft es manchmal, mein altes Gesangbuch aufzuschlagen. Ich staune darüber, wie das heute noch trägt, was so vielen Menschen vor mir Trost und Zuversicht gegeben hat. Ich finde darin den Vers von Paul Gerhardt, der mich schon oft begleitet hat:

‑ ‑ ‑ »Befiehl du deine Wege und was dein Herze kränkt, der allertreusten Pflege, des, der den Himmel lenkt. Der Wolken,

Luft und Winden gibt Wege Lauf und Bahn, der wird auch Wege finden, da dein Fuß gehen kann.«

--- Sicher, es stimmt: Wer einmal lebt, muss es ununterbrochen tun. Aussetzen vom Leben geht nicht. Aber pausieren geht, um sich dabei klarzumachen: Es gibt jemanden, dessen Kraft ebenso ununterbrochen wirkt wie der Gang von Wolken, Luft und Winden. Jemand, der sogar den Weg weiß für Wolken, Luft und Winde – und darum, so hoffe ich im Stillen, auch für mich.

--- Es gibt Wegweiser, die zu ihm hinführen: ein Vers im Gesangbuch kann das sein, eine tröstliche Zeile, ein Mut machendes Bild. Wegzehrung, die hilft, bei dem, was ununterbrochen zu tun ist, nicht die Kraft und die Zuversicht zu verlieren. Dem Leben zugewandt sein, weil es die Zuwendung Gottes gibt, das möchte ich. Und wissen: Seine Zuversicht gilt. Ununterbrochen.

Lass und lies!

--- Sie sitzt da, als wäre sie aus einer anderen Welt. Den Blick gesenkt, die Augen beinahe geschlossen. Aber nur beinahe, denn ihr Blick ist auf das kleine Buch gerichtet, das sie in Brusthöhe aufgeschlagen in den Händen hält. Ein junges Mädchen – versunken in das Abenteuer des Lesens.

--- Das Bild mit dem »Lesenden Mädchen« hängt bei mir zu Hause an der Wand und verströmt eine Ruhe und Konzentration, die sich direkt auf den Betrachter überträgt. Wer so liest, scheint es zu sagen, betritt eine Welt, die jenseits des Alltagsgetümmels liegt.

--- Peter Handke notierte einmal: Die zwei schönsten Auf-
forderungen der deutschen Sprache seien die Wörter »Lass!«
und »Lies!«. Lassen und Lesen, das klingt nicht nur ähnlich,
beides steht auch in geheimnisvoller Beziehung zueinander.
Beide Male geht es darum, die Voraussetzung zu schaffen für
eine gesammelte Stille, um die Gelassenheit beim Lesen.

--- Wer liest, steigt ein in eine andere Zeit, in eine Geschichte
auch, die anders ist als die Normalität des eigenen Lebens.
Vermutlich macht das gerade die Faszination am Lesen aus, dass
wir lesend mit dem vom Alltag Abweichenden, dem Ungewöhn-
lichen und Rätselhaften des Lebens in Berührung kommen.

--- Lass und lies! Das könnte ein gutes Losungswort sein, um
neue Erfahrungsbereiche zu eröffnen, wo Menschen zu hören
bekommen, was ihnen sonst niemand sagt. Wo die Fragen nach
dem Ersten und Letzten, nach dem Woher des Bösen und dem
Sinn des Leidens, nach dem Ziel dieser Welt und dem Grund
des Trostes gestellt werden.

--- Lass und lies! Das ist das Schlüsselwort, das die Wahr-
nehmung öffnen kann für das, was hinter dem Horizont wohnt.
Lass die alltägliche Sicht der Welt wenigstens hin und wieder
beiseite! Mach mal Pause! Und lass dich lesend verwandeln!

Die alte Kirche

»Trost« hat Manfred Hausmann sein Gedicht über eine alte
Kirche betitelt.

Ich möchte eine alte Kirche sein
voll Stille, Dämmerung und Kerzenschein.
Wenn du dann diese trüben Stunden hast,
gehst du herein zu mir mit deiner Last.
Du senkst den Kopf, die große Tür fällt zu.
Nun sind wir ganz alleine, ich und du.
Ich kühle dein Gesicht mit leisem Hauch,
ich hülle dich in meinen Frieden auch.
Ich fange mit der Orgel an zu singen ...
nicht weinen, nicht die Hände heimlich ringen!
Hier hinten, wo die beiden Kerzen sind,
komm, setz dich hin, du liebes Menschenkind!
Ob Glück, ob Unglück ... alles trägt sich schwer.
Du bist geborgen hier, was willst du mehr?
In den Gewölben summt's, die Kerzenflammen
wehn flackernd auseinander, wehn zusammen.
Vom Orgelfluß die Engel sehn dir zu
und hüllen dich mit Flötenspiel zur Ruh.
Ich möchte eine alte Kirche sein
voll Stille, Dämmerung und Kerzenschein.
Wenn du dann diese trüben Stunden hast,
gehst du herein zu mir mit deiner Last.

--- Wenn ich eine Kirche betrete, muss ich oft an diese Zeilen denken. Für mich sind es besondere Orte, insbesondere, wenn man in der Fremde ist. Egal wo, so eine Kirche nimmt einen freundlich auf wie eine alte Bekannte, bei der man wieder einmal zu Besuch ist. Sie spricht auch ohne Worte eine Sprache, die man versteht. Ihr Inneres – der Altar und die Fenster, die Lichter und Leuchter, die Bilder und Bänke – alles ist einem irgendwie vertraut.

--- Ganz ohne Worte kann ich mich da zu Hause fühlen, absichtslos, weil ich weiß, hier muss ich mich nicht erst ausweisen, um aufgenommen zu sein. Hier muss ich nicht erst etwas bringen, um akzeptiert zu werden. Hierhin kann ich gerade so kommen wie ich bin. Allein meine Anwesenheit zählt.

--- Mag sein, dass uns dieses Gedicht von Manfred Hausmann etwas zu »gefühlig« vorkommt. So redet man normalerweise nicht von der Kirche, so einfühlsam, so zärtlich, geradezu körperlich.

--- Hier aber kommt mir Kirche plötzlich ganz nah, so nah, dass ich »Ich« sage, wenn ich von ihr spreche. Kirche erscheint als Ort, an dem mein eigenes Leben geborgen ist. Er ist beschrieben wie ein Gefäß: voll von Stille, von Dämmerung und Kerzenschein, von Klängen und Tönen, von Licht und Schatten.

--- In die Stille der Kirche möchte ich eintauchen können aus dem Lärm in mir und um mich herum. In diesen Raum, wo sich Hell und Dunkel mischen, möchte ich mich bergen mit meinen Licht- und Schattenseiten. Einfach nur da sein und schweigen und hören.

--- Je hektischer unser Leben wird, je verzweckter alles, was wir tun, umso mehr brauchen wir solche Räume, in denen wir etwas über die Quelle des Lebens erfahren, architektonische Zeigefinger, die in einer eindimensionalen Welt die Dimension des Vertikalen aufweisen.

Gewinn durch Entschleunigung

--- Reichlich verrückt, war mein erster Gedanke. Eine Frau in einem langen weißen Gewand sitzt auf einem Stuhl. Sie tut nichts anderes als dazusitzen. 75 Tage lang. Sie sitzt in einem Ausstellungsraum des New Yorker Museums für moderne Kunst.

--- Ihr gegenüber, in dem großen und ansonsten leeren Raum, steht ein zweiter Stuhl. Dort kann sich von den Museumsbesuchern hinsetzen, wer will. Man kann so lange sitzen bleiben, wie man mag. Man kann dort sitzen und sich von der Frau anschauen lassen.

--- Die Frau ist die serbische Künstlerin Marina Abramović. In der Kunstszene ist sie bekannt für ihre oft provokativen Auftritte. Ihre Museums-Performance in New York ist hingegen eine stille Darbietung, sehr still.

--- Ein in sich versammelter Mensch, der nichts anderes tut, als still dazusitzen und sein Gegenüber anzuschauen. Namenlose wie prominente Museumsbesucher, Schauspieler, Politiker, Künstlerkollegen sind fasziniert. Sie alle, so berichteten die

Medien, können sich der suggestiven Wirkung dieser Situation nicht entziehen. Viele sind so gerührt, dass Tränen fließen.
Manche fragen nach dem Sinn der Sache. Warum quält sich die
Frau so? Was will sie damit sagen? Welchen Sinn hat das alles?
Das Geheimnis, so schrieb eine Zeitung, liegt wohl darin, dass
mit dieser künstlerischen Inszenierung drei Dinge geboten werden, die in unserer westlichen Lebenswelt besonders knapp sind.
Erstens: Jemand schenkt Zuwendung und ungeteilte Aufmerksamkeit, selbst wenn das für ihn mit erheblichen Schmerzen
verbunden ist. Zweitens: Jemand verschenkt Zeit, unendlich viel
Zeit, und das in einer Stadt, wo sonst Hektik und Geschwindigkeit triumphieren. Und drittens: Jemand gibt Sicherheit und
Verlässlichkeit. Denn wenn eines sicher war in der Zeit dieser
Ausstellung, dann dies, dass Marina Abramović auf ihrem Stuhl
im Museum anzutreffen war.

--- Ich hatte nicht die Gelegenheit, auf dem Stuhl gegenüber
der Künstlerin Platz zu nehmen und mich der Eigenart dieser besonderen Situation auszusetzen. Aber es fällt mir nicht
schwer, die Faszination nachzuvollziehen, die davon ausgeht.
Es handelt sich um eine, wie ich finde, zutiefst religiöse Szene.
Sie erinnert mich an die Intimität einer Segenshandlung. »Gott
lasse sein Angesicht leuchten über dir. Gott erhebe sein Angesicht auf dich.«, heißt es in der Segensformel im biblischen Buch
Numeri. Gott segnet einen Menschen, indem er ihn anschaut.

--- Das bedeutet zugleich, dass Gott sich Zeit nimmt. Im Fluss
des Geschehens, in der Hektik der vielen Augenblicke, die sich

überstürzen und uns immer neu herausfordern, tritt Ruhe ein, wenn Gott sein Angesicht auf einen Menschen hebt. Die verfließende Zeit wird erfüllte Zeit im Angesicht Gottes.

--- Und schließlich: Gott ist verlässlich. Er ist da, weil und indem er mich anschaut. Ich muss ihn nicht suchen, weil er mich längst gefunden hat. Er, dessen Name lautet: Ich bin da.

--- Für mich knüpft Marina Abramović an diese religiöse Urszene an. Man muss schon ein bisschen verrückt sein, um das so zu tun, wie sie es getan hat – um ein solches Bild, eine solche Szene in die Welt zu setzen, die sonst von ganz anderen Bildern beherrscht wird.

--- Und doch, was tut Religion anderes, als die Normalität der Welt zu verrücken, so zu verrücken, dass wir das nicht Sagbare und das nicht Darstellbare wenigstens ein wenig erahnen können? Ich glaube, wir brauchen solche Aktionen der Entschleunigung, um zu begreifen, dass es hinter der Oberfläche unseres oft hektischen Lebens eine Wirklichkeit gibt, unverrückbar und verlässlich, von der her wir kommen und zu der hin wir leben.

Unterscheiden lernen

--- Du kannst den Himmel nicht halten. Das war eine beliebte Redensart meines Schwiegervaters. Er sagte das, wenn er das Gefühl hatte, jemand habe das Menschenmögliche für eine gute Sache getan. Aber etwas, auf das man keinen Einfluss hatte, war dann dazwischengekommen. Und das Gefühl stellte sich ein, dass alles umsonst war. Du kannst den Himmel nicht halten. Mir hat diese Redewendung gefallen. Sie hatte etwas Entlastendes und auch etwas Tröstliches. Man hatte etwas versucht. Vielleicht eine Beziehung wieder einzurenken zwischen Eltern und Kindern, zwischen Freunden, die jetzt keine mehr sind.

--- Und man war gescheitert. Man hatte gemerkt: Aller guter Wille reichte nicht aus. Mit allen deinen guten Absichten bringst du es nicht zuwege, das Eis zum Schmelzen zu bringen. Deine Kraft reicht nicht. Du kannst den Himmel nicht halten. Ich denke an eine Gestalt aus der griechischen Mythologie: an Atlas, den Nachkommen aus dem Geschlecht der Titanen, der auf seinen Schultern die den Himmel stützende Säule trägt. Eine eindrucksvolle Figur der Antike. An ihm hing die Verantwortung dafür, dass der Himmel nicht auf die Erde fiel und eine Katastrophe angerichtet wurde.

--- Die griechische Mythologie ist schon lange entzaubert. Aber manchmal finde ich, dass dieser Atlas durchaus seine Nachfahren unter uns hat. Menschen, die meinen, an ihnen allein würde alles hängen. Ohne sie ginge es nicht. Vor lauter Angst, ohne sie würde der Himmel auf die Erde fallen, können sie nicht mehr loslassen.

--- »Gott, gib mir den Mut, Dinge zu ändern, die ich ändern kann. Gibt mir die Gelassenheit, Dinge hinzunehmen, die ich nicht ändern kann. Und gibt mir die Weisheit, das eine vom anderen zu unterscheiden.« So heißt es in einem Gebet.

--- Ich mag es, weil es Mut macht, sich ganz für das einzusetzen, was einem wichtig ist. Weil es aber auch helfen will, dass wir uns nicht Aufgaben aufbürden, die unsere Kraft übersteigen. Wir sind nicht für alles verantwortlich. Wir sind nicht Atlas und müssen den Himmel nicht halten.

--- Wenn wir so beten – um das richtige Augenmaß zwischen Tun und Lassen –, dann finden wir zu einer wichtigen Unterscheidung: zwischen dem, was in unserer Macht steht, und dem, was nicht in unserer Macht steht. Wir werden gelassener – und können die Erfahrung machen, dass nicht wir den Himmel halten müssen, sondern dass der Himmel uns hält.

Lob des Augenblicks

Der Augenblick ist ein scheues Reh. Bevor wir ihn richtig erfasst haben, ist er schon wieder auf und davon. Festhalten nach dem Motto »Verweile doch, du bist so schön« lässt er sich nicht. Augenblicke sind eben nicht das, worum man sich selbst strebend bemühen könnte. Sie werden einem geschenkt. Es gibt Augenblicke, durch die sich ein ganzes Leben ändert. Die Zeit gewinnt plötzlich eine besondere Qualität. Sie scheint stillzustehen, und man ahnt ihr Geheimnis. Es tritt etwas ins Leben ein, das man später einmal zu benennen versucht: als Glück, Erfüllung, Gott – eine Begegnung jedenfalls, nach der nichts mehr ist, wie es war. Darum lobe ich den Augenblick.

Wertvolle Zeit

--- Was fange ich an mit meiner Zeit? Ich kann mir beispiels-
weise die Zeitung vornehmen und mich über die politische
Weltlage informieren oder die Aktienkurse lesen. Ich kann mich
mit anderen am gemeinsamen Frühstück erfreuen. Ich kann
mich aber auch hinsetzen und einfach ein bisschen träumen.
Oder ich bin schon bei der Arbeit und rechne aus, was ich in
dieser Woche verdienen werde.

--- Seit langem gilt vielerorts die Devise: Zeit ist eintauschbar
gegen Geld. Der Amerikaner Benjamin Franklin hat diesen Sach-
verhalt bereits im 18. Jahrhundert erkannt und seinen Landsleuten
empfohlen: »Verliere keine Zeit; sei immer mit etwas Nützlichem
beschäftigt; entsage aller unnützen Tätigkeit. Zeit ist Geld.«

--- Mittlerweile hat sein Motto Schule gemacht und unser
Verständnis von der Zeit grundlegend verändert. Dazu musste
die Uhr erfunden werden. Mit ihr konnte der ständig dahin-
fließende Zeitstrom gemessen und kanalisiert werden. Die Zeit
war jetzt in kleine Einheiten zerlegbar und standardisierbar.
Zeit wurde zu einem Wirtschaftsgut, zur Bemessungsgrundlage
für Leistung und Entlohnung.

--- Jetzt trat aber auch eine Wechselwirkung in Kraft, die unseren Alltag bis heute weithin bestimmt: die Wechselwirkung
zwischen Zeit und Geld. Je mehr Geld jemand hat, so scheint
es, desto weniger Zeit hat er. Und je mehr Zeit jemandem zur
Verfügung steht, über desto weniger Geld verfügt er in aller
Regel.

--- Diese Aufrechnung von Zeit in Geld ist durchaus nicht unproblematisch. Sie lässt vergessen, dass die Zeit nicht unser eigenes Produkt ist, das wir so ohne Weiteres verkaufen können. Zeit ist in sich wertvoll und wird es nicht erst dadurch, dass man mit ihr Geld verdienen kann. Traditionell geprägte Kulturen bewahren das Wissen, dass Zeit zuallererst ein Geschenk Gottes ist.

--- Der Schriftsteller Heinrich Böll hat dazu eine kleine Anekdote geschrieben. Ein Tourist trifft in einem Hafenstädtchen am Mittelmeer einen Fischer. Der einfach gekleidete Mann sitzt in der Sonne, freut sich am blauen Himmel und schaut hinaus aufs weite Meer. Er hat offensichtlich viel Zeit.

--- Zwischen dem Fischer und dem Touristen entwickelt sich ein Gespräch: Der Fischer erzählt, er habe in aller Frühe schon einen guten Fang gemacht, genug um heute und morgen davon zu leben. Der Tourist hingegen ist außer Fassung, dass es einen Menschen gibt, der so leichtfertig mit seiner Zeit umgeht. »Stellen Sie sich vor«, sagt er, »Sie würden heute noch einmal hinausfahren und dann vielleicht noch einmal und noch einmal. Sie würden das jeden Tag so machen. Tag für Tag, Woche für Woche. Sie würden eine Menge Geld verdienen. Sie könnten sich bald ein zweites und dann ein drittes Boot kaufen. Sie könnten mit dem Export von Fischen beginnen, ein Fischrestaurant eröffnen, eine Hotelkette aufziehen. Und dann, dann könnten Sie ...«

--- »Was könnte ich dann?«, fragt der Fischer, der zuletzt nur noch geschwiegen hatte. »Dann könnten Sie«, sagt der Tourist voller Begeisterung, »dann könnten Sie ganz entspannt am Hafen sitzen, den blauen Himmel genießen und auf das Meer hinausschauen.« »Aber das, das tue ich doch schon jetzt«, ist die kurze Antwort des Fischers.

--- Bölls Anekdote zur Senkung der Arbeitsmoral, so heißt seine Geschichte, weist auf einen Umgang mit der Zeit hin, den man Zeitwohlstand nennen könnte. Der herkömmliche Wohlstandsbegriff ist am Geldwert orientiert. Reich ist, wer seine Zeit in Geld umgesetzt hat. Der Fischer hingegen macht deutlich, dass es dieser Umwandlung nicht bedarf. Er muss nicht erst seine Zeit zu Geld machen, um am Ende Zeit zu haben. Er freut sich schon jetzt am Geschenk der Zeit.

--- Zeit ist eben nicht mit Geld zu bezahlen. Sie ist nicht in erster Linie Produktionsfaktor, sondern dem Menschen gewährte Lebenszeit. Genauso ist Wohlstand nicht hinreichend durch Euro oder Dollar zu definieren. Sondern bestimmt sich dadurch, wie frei und souverän jemand mit seiner Zeit umgehen kann. Reich ist, wer Zeit hat.

Aufmerksamkeit für den Augenblick

--- Der Schriftsteller Victor Auburtin erzählt einmal von einem sehr fleißigen Mann. Dieser konnte es nicht übers Herz bringen, eine Minute seines wichtigen Lebens ungenützt vorübergehen zu lassen. Wenn er in der Stadt war, so plante er, an welchen Badeort er reisen werde. War er am Badeort, so beschloss er einen

Ausflug nach Marienruh, wo man die berühmte Aussicht hat. Wenn er im Gasthof einen Hammelbraten verzehrte, studierte er während des Essens die Karte und überlegte, was man danach bestellen könne. Und während er den langsamen Wein des Gottes Dionysos hastig hinuntergoss, dachte er, dass bei dieser Hitze ein Glas Bier wohl besser gewesen wäre.

--- So hatte er niemals etwas getan, sondern immer nur ein Nächstes vorbereitet. Und als er auf dem Sterbebett lag, wunderte er sich sehr, wie leer und zwecklos doch eigentlich dieses Leben gewesen sei.

--- Diese Szene aus den Dreißigerjahren wirkt eigentümlich aktuell. Soziologen von heute würden darin den modernen Zeitgenossen erkennen: den Menschen in der Multioptionsgesellschaft. Er hat grenzenlose Möglichkeiten, auszuwählen zwischen Dingen, die ihm gefallen, und ist zugleich sichtlich überfordert damit, ständig wählen zu müssen.

--- Denn mit den grenzenlosen Möglichkeiten entwickeln sich auch grenzenlose Wünsche. Wo aber die Wünsche grenzenlos sind, kann es keine Erfüllung geben. Jeder erfüllte Wunsch wird zum Sprungbrett für neue Wünsche. Eine endlose Spirale von Verheißungen entsteht, die niemals zum Stillstand kommt.

--- Die Bibel weiß: Alles hat seine Zeit. Daraus ergibt sich eine entspannte Weise, mit der Zeit umzugehen und Menschen und Situationen ihre Zeit zu lassen. »Geboren werden hat seine Zeit und Sterben hat seine Zeit. Weinen hat seine Zeit und Lachen hat seine Zeit. Schweigen hat seine Zeit und

Reden hat seine Zeit.« (nach Kohelet 3,1–8) Nur da, wo nicht alles gleichzeitig erledigt werden muss, wo ich nicht bei der einen Sache schon auf dem Sprung zur nächsten bin, kann ich Menschen und Situationen gerecht werden. Darum gehört zum richtigen Umgang mit der Zeit die Aufmerksamkeit für die rechte Zeit. Das Sein bedarf der Ergänzung durch das Seinlassen.

--- Der Schriftsteller Thomas Brasch hat dieser Einsicht Ausdruck gegeben in einem kleinen Text mit der Überschrift »Der schöne 27. September«. Er könnte aber genauso gut auf den heutigen Tag datiert sein:

--- »Ich habe keine Zeitung gelesen. Ich habe keiner Frau nachgesehen. Ich habe den Briefkasten nicht geöffnet. Ich habe keinem einen guten Tag gewünscht. Ich habe nicht in den Spiegel gesehen. Ich habe mit keinem über alte Zeiten gesprochen und mit keinem über neue Zeiten. Ich habe nicht über mich nachgedacht. Ich habe keine Zeile geschrieben. Ich habe keinen Stein ins Rollen gebracht.«

Das Glück ist immer anderswo?

--- Mit dem Glück verhält es sich oft wie in der folgenden Geschichte: Ein Wanderer kommt an einen großen Strom. Am anderen Ufer sieht er ein Haus mit einem roten Ziegeldach. Vor dem Haus steht ein Tisch mit einer Bank. Aus dem Schornstein des Hauses steigt friedlich der Rauch.

--- Diesseits des Flusses steht ein Mann mit einem Feldstecher. Offensichtlich beobachtet er das Haus auf der anderen Seite des Flusses. Der Wanderer spricht ihn an. »Was tust du da?«, fragt er. »Ich schaue hinüber«, sagt der Mann und deutet mit der Hand über den Fluss, »siehst du denn nicht? Da, da drüben, dort wohnt das Glück.«

--- »Das Glück?«, fragt der Wanderer, »wieso meinst Du das?« »Ich weiß es«, sagt der Mann, »ich sehe es doch. Zuweilen kommt ein Mann aus dem Haus und pflanzt in dem Garten. Gelegentlich sehe ich eine Frau, wie sie Wäsche auf der Wiese auslegt. Manchmal sitzen beide zusammen auf der Bank und schauen in die Abendsonne.« »Und?«, fragte der Wanderer. »Begreifst du es denn nicht?«, sagt der Mann und deutet auf seinen Feldstecher, »das reine Glück! So gut sollte man es einmal haben – hier an diesem trostlosen Ufer.«

--- Der Wanderer öffnet seinen Rucksack. »Wir haben zwar keine Bank«, sagt er, »aber zwei Steine, auf denen können wir sitzen. Wir haben zwar keinen Tisch, aber ich kann dieses Tuch vor uns ausbreiten. Ein Stück Brot habe ich noch und eine Flasche Wein, das reicht für uns beide.« »Ich kann nicht«, sagt der Mann, »ich muss immerzu hinüberschauen zu jenem Glück. Es ist einfach zu trostlos an diesem Ufer.«

--- Eine kleine Geschichte über das Glück. Oder besser gesagt: über die Unmöglichkeit, es zu erreichen. Denn das Glück ist immer anderswo, jenseits des Flusses, und lässt sich nur mit dem Feldstecher beobachten. Das Glück ist das schönere Ferienziel, das ich mir nicht leisten kann. Der attraktivere Partner, der jemand anderen geheiratet hat. Der interessantere Beruf. Das bessere Aussehen. Das höhere Gehalt. Das Glück ist immer anderswo.

--- Wahrscheinlich ist das der Grund für das Übermaß an Mobilität, das unsere Gesellschaft entwickelt hat. Wer Angst hat, das Glück zu verpassen, kann sich keine ruhige Minute gönnen. Also gilt es, immer auf dem Sprung zu sein. Allzeit bereit!

--- Das Gegenmodell zu dieser Flucht aus der Gegenwart verkörpert in unserer Geschichte der Wanderer. Er ist zwar viel unterwegs, weiß aber, wann es Zeit ist, innezuhalten, das Tischtuch auszubreiten, das Brot aufzuschneiden und die Gegenwart zu feiern. Die Zutaten dafür sind sehr einfach. Sie heißen: sich Zeit lassen, Achtsamkeit üben, einladend sein. Sich anfreunden mit dem, was jetzt gerade ist. Die Gegenwart bei sich einkehren lassen.

--- Von dem deutschen Barockdichter Andreas Gryphius stammt der Gedanke, dass sich Gott genau so finden lässt: »Mein sind die Jahre nicht, die mir die Zeit genommen; mein sind die Jahre nicht, die etwa mögen kommen. Der Augenblick ist mein, und nehm' ich den in Acht, so ist der mein, der Zeit und Ewigkeit gemacht.«

--- Ich finde diese Zeilen schön. Sie stoppen die Fluchtbewegung, in die uns das illusionäre Versprechen treibt, wonach das Glück immer nur anderswo sei. Es geht sicher nicht darum, eine mangelhafte Gegenwart schönzureden. Wohl aber darum, ihre verborgenen Seiten zu entdecken.

--- Den Augenblick in Acht nehmen. Den Menschen vor mir oder neben mir, der vielleicht gerade den Tisch gedeckt hat. Das Buch aufschlagen, das vor mir liegt. Der Musik lauschen. Den Herzschlag spüren. »Der Augenblick ist mein, und nehm' ich den in Acht, so ist der mein, der Zeit und Ewigkeit gemacht.« Das Glück wohnt nicht jenseits des Stroms. Und es lässt sich auch durch keinen Feldstecher beobachten. Aber vielleicht ist es schon da. Genau jetzt, in diesem Augenblick.

Wenn ich bei euch bin

--- Es gibt Menschen, die tun einem gut. In ihrer Nähe blüht man auf. Ihre Anwesenheit belebt. Sie verbreiten eine Atmosphäre, die einen durchatmen und aufatmen lässt. Die Begegnung mit ihnen bleibt in Erinnerung.

--- Über die Wirkung eines solchen Menschen fand ich auf einem Kalenderblatt eine Geschichte. Sie erzählt von einer Indianerin irgendwo in Südamerika, die immer wieder eine dort gastweise lebende Familie besucht. Eltern und Kinder freuen sich über diesen Kontakt, obwohl sie sich mit Worten nicht verständigen können. Die Familie spricht die Sprache der Indianerin nicht, die Indianerin spricht kein Spanisch.

--- Dennoch sind die Besuche von großer Herzlichkeit. Nie kommt die Indianerin mit leeren Händen, immer hat sie ein paar Kleinigkeiten dabei: eine Handvoll Waldbeeren, ein paar Rebhuhneier. Sie genießt den Tee und den Kuchen, den man ihr anbietet.

--- Die Mädchen der Familie wetteifern bei dem Versuch, den melodischen Satz zu behalten, den sie jedes Mal zum Abschied sagt. Schließlich kennen sie ihn auswendig und bitten einen befreundeten Missionar, ihn zu übersetzen. »Ich werde wiederkommen; denn ich liebe mich, wenn ich bei euch bin«, heißt ihr Satz übersetzt.

--- Ich glaube, in solch einem Satz liegt das Geheimnis jeder gelingenden Begegnung. In der absichtslosen Aufmerksamkeit, die man einander schenkt. Ich werde reicher durch eine solche Begegnung, und ich komme gerne wieder.

--- In den Häusern der ersten Christen muss eine solche Atmosphäre geherrscht haben. In ihnen galt als Regel, das weiterzugeben, was von der Begegnung mit Jesus nachwirkte. »Seid aber untereinander freundlich und herzlich und vergebt einer dem anderen, wie auch Gott euch vergeben hat in Christus«, schreibt Paulus an die Gemeinde im griechischen Ephesus.

--- Paulus weist mit diesem Wort darauf hin, dass Freundlichkeit und Herzlichkeit nicht aus sich selbst, sondern aus einer anderen Quelle kommen. Sie spiegeln eine Erfahrung wider, wie sie Menschen in der Begegnung mit Christus machen konnten. Wer an seiner Seite Freundlichkeit und Herzlichkeit erlebt hat, wird sie ohne Anstrengung und moralische Verrenkungen weitergeben.

--- »Ich werde wiederkommen; denn ich liebe mich, wenn ich bei euch bin.« Den Satz möchte ich mir merken. Er enthält die Erfahrung eines geglückten Augenblickes.

»Gast sein einmal«

--- Tue Gutes! Fast jede Religion, nahezu jede philosophische Ethik kennt dieses Gebot. Niemand wird ihm widersprechen. Schwieriger wird es, wenn man den Satz von seiner aktiven in die passive Form bringt. Dann heißt er: Lass dir Gutes geschehen! Nimm es einfach an, wenn jemand dir Gutes tut! Das aber scheint gar nicht so einfach zu sein. Wir kennen die Fragen: Kann ich das wirklich annehmen? Wie kann ich mich revanchieren?

--- Ich habe die Vermutung, dass es uns darum oft so schlecht gelingt, das Gute zu tun, weil wir Schwierigkeiten haben, das Gute an uns selbst geschehen zu lassen. Dabei wünschen wir uns insgeheim nichts lieber, als dass uns jemand mit seiner oder ihrer Freundlichkeit bewirtet.

--- »Gast sein einmal«, so heißt es in Rilkes ›Cornet‹, »nicht immer selbst seine Wünsche bewirten mit kärglicher Kost. Nicht immer feindlich nach allem fassen; einmal sich alles geschehen lassen und wissen: was geschieht, ist gut.«

--- Mir scheint, dass der Herbst die Zeit ist, um diesen Gedanken denken zu können. Herbst ist die Zeit der Ernte. Gerade da wächst die Sensibilität dafür, dass wir längst nicht alles selbst gesät haben, was wir ernten dürfen.

--- Ein Spaziergang durch die herbstliche Landschaft offenbart die Üppigkeit dieser Jahreszeit: leuchtende Äpfel und Birnen, buntes Herbstlaub, farbige Wälder, fein gewebte Spinnennetze zwischen den Zweigen. Der Tisch der Natur ist reich gedeckt. Noch im übertragenen Sinn, wenn wir vom Herbst des Lebens sprechen, denken wir den Gedanken der Ernte. Wie vieles ist mir geschehen, für das ich einfach nur dankbar sein kann. Sind nicht die besten Zeilen meines Lebens von einem anderen geschrieben worden? Geglückte Augenblicke, die mir zuteil wurden?

--- Aus so einem herbstlichen Rückblick ist wohl das Loblied entstanden, das die Beter des 103. Psalms gesungen haben: »Lobe den Herren, meine Seele, und vergiss nicht, was er dir Gutes getan hat.« Sie wussten: Was ihnen Gutes geschah, war unvergleichlich mehr, als was sie selbst je an Gutem tun würden. Das ist ein folgenreicher Gedanke. Denn wir werden umso mehr Gutes tun können, je achtsamer wir werden für das, was uns selbst an Gutem geschehen ist. Ich beginne gleich selbst einmal und frage mich: Wer oder was trägt eigentlich dazu bei, dass für mich aus diesem Tag ein guter Tag wird?

Die Utopie des Kleinen

--- Wie oft scheitern große Pläne an den banalen Realitäten des Alltags? Visionen und Utopien, gute Absichten und beste Ziel-vorstellungen bleiben auf der Strecke, weil man die Interessen und Eigenheiten der Menschen unterschätzt hat.

--- Hans Magnus Enzensberger hat darüber einen Text ge-schrieben, den er »Über die Schwierigkeiten der Umerziehung« nennt: »Einfach vortrefflich«, heißt es darin, »all diese großen Pläne: das Goldene Zeitalter, das Reich Gottes auf Erden, das

Absterben des Staates. Durchaus einleuchtend. Wenn nur die Leute nicht wären! Wenn es um die Befreiung der Menschheit geht, laufen sie zum Friseur ... Statt um die gerechte Sache kämpfen sie mit Krampfadern und mit Masern. Im entscheidenden Augenblick suchen sie einen Briefkasten oder ein Bett. Kurz bevor das Millennium anbricht, kochen sie Windeln ... Ja, wenn die Leute nicht wären, dann sähe die Sache schon anders aus.«

--- Ich entdecke in diesem Text von Enzensberger eine mir sympathische, weil barmherzige Haltung. Sie äußert sich darin, dass sie nicht bereit ist, die kleinen Sorgen und Freuden des Alltags zugunsten einer höheren Idee zu opfern. Sie kennt die Geschichte, in deren Verlauf sich Unmenschlichkeit und Menschenverachtung dadurch zu rechtfertigen wussten, dass es angeblich ja um höhere Ziele gehe.

--- Das konkrete Leben nicht der Vision der großen Utopie zu opfern, darum geht es auch Jesus. Mich beeindruckt sein Gleichnis vom verlorenen Schaf. »Was meint ihr«, so fragt er die Umstehenden, »wenn ein Mensch hundert Schafe hätte und eines unter ihnen sich verirrte: lässt er nicht die neunundneunzig auf den Bergen, geht hin und sucht das Verirrte? Und wenn's geschieht, dass er's findet, wahrlich, ich sage euch: Er freut sich darüber mehr als über die neunundneunzig, die sich nicht verirrt haben.«

--- Gegen die Utopie der großen Zahl richtet Jesus seine Aufmerksamkeit auf das einzelne Leben. Gegen den Anspruch, alle erreichen und es allen recht machen zu müssen, nimmt er sich

Zeit für die, die sich verlaufen haben. Gegen die große Vision das, was im Augenblick nötig ist.

--- Der Einzelne mit seiner einmaligen Lebenssituation ist für Jesus keine zu vernachlässigende Größe. Sondern die Bewährungsprobe für alles Planen und Handeln. Aus der Achtsamkeit für das Kleine kann dann auch das Große wachsen. Darum gehört das eine verlorene Schaf unverzichtbar dazu.

Erwartungsvolle Stille

--- Vornehmlich zwei Eigenschaften hat der Mensch, schrieb Kurt Tucholsky: Krach zu machen und nicht zuzuhören. Seit diesen in den Dreißigerjahren verfassten Sätzen ist die Welt nicht leiser geworden.

--- Der Lärm unter der akustischen Glocke, unter der wir leben, nimmt von Jahr zu Jahr zu. Es summt und quietscht, es rattert und dröhnt im Straßenverkehr und am Arbeitsplatz, im Wohnzimmer wie im Einkaufszentrum.

--- Ich versuche mir den Klang der Welt vorzustellen, in der Matthias Claudius »Der Mond ist aufgegangen« – sein wohl bekanntestes Lied – geschrieben hat. In der zweiten Strophe heißt es: »Wie ist die Welt so stille, und in der Dämmrung Hülle, so traulich und so hold, als eine stille Kammer, wo ihr des Tages Jammer verschlafen und vergessen sollt.«

--- Längst schon ist uns diese Stille fremd geworden. Vermutlich fehlen uns deswegen auch die tröstlichen Orte, wo wir den Jammer des Tages verschlafen und vergessen können. Matthias Claudius kannte diese Orte, die hinter der lauten Fassade des Lebens verborgen sind. Orte, an denen das, was Menschen klar begriffen zu haben glauben, im Dämmerlicht zu entschwinden beginnt. Dort, in dem Zwischenbereich zwischen Hell und Dunkel, waren für Matthias Claudius Stille und Kraft zu finden.

--- Gewiss muss man sich heute davor hüten, jede Stille zu idealisieren. Wo nichts dahinter ist, bleibt sie bleiern und stumm. Dann kann sie sogar als bedrohlich empfunden werden. Für die aber, die ganz Ohr sind, kann sie zu einer Quelle der Stärkung und des Trostes werden. In der Stille liegt eure Kraft, sagt der Prophet Jesaja einmal seinen aufgeregt hin- und hereilenden Zeitgenossen.

--- In dieser Stille schwebt eine lebendige Schwingung. Sie sammelt den Menschen aus der Zerstreuung und lässt ihn gegenwärtig werden. Sie macht aufmerksam auf eine andere, meist überhörte und übersehene Wirklichkeit.

--- Heute, wo viele Menschen mehr als früher dazu gezwungen sind, sich ständig zu präsentieren und zu beweisen, bedarf es der Übung, um diese Orte zu finden. Vielleicht findet sie sich dann gar nicht so weit weg – in einer geöffneten Kirche, auf einer Bank im Park oder genau an dem Platz, wo wir uns gerade befinden.

--- Und wir machen die eigentümliche Erfahrung, dass Stille nicht leer ist, sondern voller Erwartung: Die Erwartung, dass ein Mensch uns etwas zu sagen hat; dass Himmel und Erde, die kleinen und die großen Augenblicke des Lebens, uns etwas von ihrem Geheimnis erzählen.

Der Schatz in der Gegenwart

--- Schatzsuche – ein spannendes Spiel aus Kinderzeiten. Das Wissen um einen Schatz verzauberte die Welt. Denn zu einem Schatz gehörte immer ein Geheimnis: der Ort, an dem er vergraben war; verborgene Pläne, geheimnisvolle Spuren, die dorthin führten.

--- Zum Schatz gehörte auch eine Verheißung: Wer ihn fand, der kam in den Besitz der Ausstrahlung, der Macht, in den Besitz eines Wissens, das dieser Schatz verlieh. Und man brauchte meist gar nicht weit zu reisen. Der Schatz war oft in Reichweite verborgen – vielleicht im hintersten Winkel eines Kellers, unter den Bäumen eines nahen Waldes, unter einem Stein irgendwo im Garten. Gar nicht so weit weg, und doch – wenn man seinen verschwiegenen Ort nicht kannte – Ewigkeiten weit entfernt.

--- Irgendwann im Lauf des Lebens ist aus dem Spiel dann Ernst geworden. Die kindlichen Schätze gerieten in Vergessenheit. Was bedeuteten sie schon angesichts der Fragen, die sich in einem Menschenleben stellen? Und dennoch: Steckt in uns, so alt wir mittlerweile auch geworden sind, nicht immer noch etwas von dem kindlichen Schatzsucher? Gewiss, wir suchen nicht mehr in dunklen Kellern oder unter großen Steinen nach

Geheimnissen. Aber etwas ist doch geblieben – die Suche nach etwas, für das wir vielleicht nicht einmal einen Namen haben. Die Suche nach einer Antwort, einem Sinn, einem Menschen – sie hält uns nicht weniger gefangen als ein Kind seine Schatzsuche.

--- Ich kann mir vorstellen, dass dieser Schatz für manche Menschen in der Vergangenheit liegt: in einer Kindheit, die geschützt und geborgen war im Elternhaus. Verschont von den Katastrophen, die das spätere Leben noch bringen sollte. Das ist gewiss ein Schatz, der einem viel mitgeben konnte: Kindheitserinnerungen, Traditionen im Elternhaus, die das Leben prägten, Bilder, die einen immer begleiten werden. Aber dieser Schatz ist ein verlorener Schatz. Er liegt irgendwo in der Vergangenheit, und ich muss in die Vergangenheit reisen, um mich an ihn erinnern zu können.

--- Die Frage ist: Hilft er mir, meine Gegenwart zu bestehen, oder hält er mich fest in der Vergangenheit? Bleibe ich wach und offen für die Aufgaben, die sich mir heute neu stellen, oder verliere ich meine Lebensenergie an Träume von den goldenen Zeiten, die vergangen sind? Und die vielleicht so golden gar nicht waren!?

--- Es gibt andere Menschen, die versuchen, den Schatz ihres Lebens in der Zukunft zu finden. Nein, die Vergangenheit bot nur Enttäuschung, Not, Entbehrung. In der Zukunft wird alles besser sein. Unsere Kinder, so heißt es oft, sollen es einmal besser haben. Man spart für die Zukunft. Die Gegenwart wird nur als ein Warteraum verstanden, bis der Zug kommt, der uns besseren Zeiten entgegenführen soll.

--- Aber aus dieser Einstellung kann sehr schnell etwas anderes werden: die Vernachlässigung der Gegenwart durch eine Vertröstung auf Morgen. Heute müsst ihr leiden und alles entbehren, damit ihr morgen alles im Überfluss habt. Es war die Ideologie des Kommunismus, die die Hoffnungen der Menschen auf diese Weise in die Irre geführt hat. Das Versprechen auf ein besseres Morgen hat dazu gedient, alles zu entschuldigen, was an Schrecken in der Gegenwart geschah. Alles war ja nur Durchgang für das kommende goldene Zeitalter.

--- Vergoldung der Vergangenheit, Vergoldung der Zukunft – beides unzureichende, bisweilen gefährliche Antworten auf die Frage: Wo finde ich den Schatz, der mein Leben wertvoll macht? Es gibt eine bessere Antwort, und Jesus gibt sie uns neu im Gleichnis vom Schatz im Acker und der Perle, die der Kaufmann erwirbt. Beide Gleichnisse antworten auf die Frage nach dem Ort, wo der Schatz unseres Lebens verborgen ist: Gar nicht soweit weg, wie wir vielleicht meinen, sondern in unserer Gegenwart, in unserem Alltag, den wir Tag für Tag durchpflügen. Der vollgestopft ist mit Aufgaben und Pflichten, mit Routine aller Art: In diesem Alltag ist der Schatz unseres Lebens verborgen. Der eine findet ihn vielleicht eher zufällig beim Durchschreiten seines Ackers. Mit seinen Gedanken ganz woanders, stößt er auf den Schatz. Der andere, der Kaufmann, scheint systematisch gesucht zu haben nach dem Kostbarsten, für das er alles andere einsetzt. Und er findet die schönste aller Perlen. Für beide aber ist das Ergebnis das gleiche: eine riesige Überraschung, eine unvorstellbare Freude, ans Ziel einer langen Suche gekommen zu sein, endlich gefunden zu haben, wonach sich das Herz so sehnte. Mitten im Leben haben sie ihren Schatz gefunden. Die Gegenwart ist das Tor, durch das wir einen Blick werfen dürfen auf das Geheimnis unseres Lebens. Mit wachen Sinnen finden wir hier und heute den Schatz auf dem Lebensacker, auf dem wir uns täglich mühen.

--- Oder anders gesagt: Gott begegnet uns nicht erst an den Grenzen unseres Lebens, wenn Not am Mann oder an der Frau ist. Oder gar erst dann, wenn wir sterben müssen. Sondern Gott ist da mitten im Leben, mitten auf unserem Lebensacker. Mitten unter den bunten Auslagen dieser Welt, wo der Kaufmann nach der einen wahren Perle sucht.

--- Das Himmelreich ist da, wenn wir nur die Augen, den sicheren Blick des Kaufmanns haben, um zwischen den vielen falschen die richtige Perle zu finden. Es ist da als Antwort auf eine Frage, die uns ein Leben lang aufgewühlt hat und die jetzt eine Antwort findet. Es ist da als eine erfüllte Zeit, die reich war an Begegnungen und Gesprächen, wo Fremdheit abgebaut wurde und Vertrauen wachsen konnte. Es ist da als Gefühl, wieder neue Geborgenheit, eine neue Heimat gefunden zu haben. Das Himmelreich ist da als das feste Wissen, dass mein Leben einen Sinn hat und ein Ziel – was ich niemandem beweisen kann und doch so sicher weiß, wie der Kaufmann sicher ist, die schönste aller Perlen gefunden zu haben.

Lob der Mahlzeit

Die Gelegenheiten, bei denen wir miteinander zu Tisch sitzen und das aufgetragene Essen als gemeinsames Mahl erleben, sind selten geworden. Fast Food und Quick-Lunch greifen um sich. Wie schön aber ist es, wenn wir das tatsächlich einmal erleben, vielleicht im Urlaub, bei einer Familienfeier oder auch nur im Kino: eine festlich gedeckte Tafel, die Phantasie der Köche, der geteilte Genuss der Speisen, die belebenden Gespräche mit den Tischnachbarn. Der Mangel des Alltags ist dann vergessen. Alle sind im Einklang mit sich und der Welt. Von solchen Mahlzeiten spricht man noch lange. Weniger wegen des vorzüglichen Essens und der guten Weine. Sondern wegen einer Zeit, in der die Fülle des Lebens erfahrbar wurde. Darum lobe ich die Mahlzeit!

Gesegnete Mahlzeit

--- Von allem, was den Menschen gemeinsam ist, ist das Gemeinsamste: dass sie essen und trinken müssen. Dies schreibt der Soziologe Georg Simmel vor genau hundert Jahren. Essen als ursprünglich egoistischer Akt, so der Soziologe, werde im gemeinsamen Mahl zu einem kultivierten und Gemeinschaft stiftenden Ereignis.

--- Mir wird dabei klar, dass – neben dem Kreuz – ein anderes Symbol im jüdischen wie im christlichen Glauben von herausragender Bedeutung ist: der Tisch. Im Mittelpunkt des biblischen Glaubens steht die Tischgemeinschaft. Menschen begegnen einander und begegnen Gott, indem sie sich einladen lassen und sich als Gäste erleben.

--- Ich denke an die wunderbare Geschichte von Abraham und Sarah, die die Fremden vor ihrem Zelt zu einer Mahlzeit heranbitten. Oder an Jesus, der sich zum Zöllner Zachäus an den Tisch setzt und so dessen soziale Isolation aufhebt.

--- Die vielen Mahlzeiten, die Jesus im Kreis seiner Jünger feiert, sind gewiss kein Zufall. Und auch nach seinem Tod ist es wieder das gemeinsame Mahl, bei dem die Emmausjünger begreifen, dass der Unbekannte, der eben noch mit ihnen Brot und Wein teilte, der auferstandene Christus ist. Schon bei den biblischen Propheten war die Mahlzeit ein Bild für den Frieden, den alle erhofften: »Und Gott wird allen Völkern ein fettes Mahl machen«, heißt es bei Jesaja, »ein Mahl von reinem Wein, von Fett und von Mark ... Und er wird die Tränen von allen Gesichtern abwischen.«

--- Ein bisschen davon, denke ich, blitzt ja schon bei jeder guten Mahlzeit auf. Wenn Menschen beieinandersitzen und teilen, was vor ihnen steht. Wenn sie aufmerksam dafür sind, was liebevoll zubereitet wurde. Wenn sie im Blick haben, was den Tischnachbarn gerade fehlt. Essen ist dann mehr als Einwerfen von Nahrung auf schnellstem Wege, wo jeder nur bestrebt ist, für sich allein satt zu werden. Es geht um etwas anderes. Es geht dann darum, eine Gemeinschaft zu erfahren, die im Teilen und durch das Teilen satt macht.

--- Jede Mahlzeit, wenn sie nur als Zeit zum Mahl gestaltet wird, kann so einen Vorgeschmack geben vom Leben, wie es sein soll und sein könnte. »Geht's uns gut«, sagen wir in solchen erfüllen Augenblicken, wo uns der Tisch gedeckt ist und wir den Reichtum einer Tischgemeinschaft erleben. Und wir spüren, dass die Liebe Gottes auch durch den Magen geht.

Alles braucht seine Zeit

--- Alles hat seine Zeit. Hat alles wirklich noch seine Zeit? Lassen wir den Dingen noch ihre Zeit? Oder besteht das Drama der Beschleunigung nicht gerade darin, dass wir den Dingen ihre Zeit nehmen?

--- Dass das Leben Zeiten kennt von unterschiedlicher Dichte, Hochzeiten und Tiefzeiten, Gezeiten der Fülle und des Mangels, davon sprechen viele Bibelstellen ganz selbstverständlich. Es entspricht dem Lebensgefühl des biblischen Menschen. Aber gilt es noch für uns, die wir dabei sind, die Enteignung der Zeit immer weiter voranzutreiben, sowohl im Bezug auf die Dinge des Lebens als auch im Blick auf die eigene Lebenszeit?

Wir registrieren die allseits stattfindende Zeitnahme zuerst bei den Gütern des täglichen Konsums. Tomaten brauchen ihre Zeit, um schön rot und schmackhaft zu werden. Käse muss lange lagern, um den nötigen Geschmack zu bekommen. Besonders guter Wein ist oft einige Jahre gereift. Aber schon längst ernähren wir uns von Produkten, deren natürliches Wachstum auf künstliche Weise beschleunigt, denen die Zeit des Reifens beschnitten wurde.

--- Bei den Mahlzeiten, die einmal Zeiten des Mahles waren, betrifft uns das noch direkter. Noch heute kommt man in mediterranen Ländern bei einem guten Essen nicht unter zwei Stunden davon. Nahrungsaufnahme ist ja immer mehr als Einverleibung von Essen und Trinken, es ist immer auch ein Akt der Gemeinschaft, Ausdruck gegenseitigen Gewogenseins. Was kommt davon nicht alles unter die Räder zwischen Fast Food und Mikrowelle, zwischen Fünf-Minuten-Terrine und Kantinenfließbandessen? Wie viel Zeit bleibt uns noch fürs Mahl? Von der heiligen Teresa von Avila, einer großen Mystikerin des Mittelalters, die viel verstand vom Geheimnis der Zeit, stammt der Satz: »Wenn Fasten, dann Fasten; wenn Rebhuhn, dann Rebhuhn.« Er will sagen: Auch Fülle und Mangel unseres Lebens haben ihre Zeit und ihren Sinn. Nur in der spannungsvollen Beziehung von Not und Überfluss bekommen die Dinge ihren Wert. Nur der

Wechsel von Dasein und Abwesenheit, von Distanz und Nähe, gibt dem Leben Farbe. Die Mahlzeit schmeckt nur dem, der auch das Gefühl des Hungers kennt.

Was macht satt?

--- Wovon lebt der Mensch? Die Frage ist uralt. Sie scheint leicht zu beantworten. Der Mensch lebt von den Lebensmitteln: von Schrot und Korn, von Brot und Wein, von Hopfen und Malz, von Fisch und Fleisch, von Obst und Gemüse und vielem mehr, was dem Menschen im Laufe einer langen Evolutions-geschichte zur Nahrung wurde.

--- All das ist zusammengefasst in der Bitte des ersten Gebetes der Christenheit: Unser täglich Brot gibt uns heute. Der christ-liche Glaube wusste immer, dass die materielle Basis des Brotes gegeben sein muss im Leben, damit Menschen auch für geistige und geistliche Dinge gewonnen werden können.

Nicht erst Bert Brecht in seiner Dreigroschenoper hat darauf aufmerksam gemacht, dass erst das Fressen kommt und dann die Moral. Wir erfahren es an uns selbst: Voller Bauch studiert nicht gern, aber leerer noch weniger.

--- Das tägliche Brot gehört darum zu den elementaren Din-gen für den Menschen. Im Vaterunser hat diese Bitte deshalb einen zentralen Platz. Jesus war kein Guru, der seinen Jüngern predigte, von Luft und Liebe zu leben. Oder von den Licht-strahlen der Sonne, wie es in bestimmten esoterischen Kreisen geschieht. Ihn jammerte es, wenn Menschen materiell Hunger leiden mussten.

--- So werden die Speisungsgeschichten im Neuen Testament gleich mehrfach erzählt: als Speisung der viertausend und fünftausend Menschen. Daran wird deutlich, wie ernst Jesus den Hunger der Menschen nahm.

--- »Das Volk jammert mich«, sagt Jesus in einer dieser Geschichten, »denn sie harren nun schon drei Tage bei mir aus und haben nichts zu essen; ich will sie nicht hungrig gehen lassen, damit sie nicht verschmachten auf dem Weg.« (Matthäus 15,32) In einer anderen Speisungsgeschichte treten die Jünger an Jesus heran, um ihn auf die prekäre Lage der mit ihm ziehenden Menschen hinzuweisen. »Die Gegend ist öde«, sagen sie, » und die Nacht bricht herein; lass das Volk gehen und sich zu essen kaufen.« Sie reden, als ob sie Jesus nicht zutrauen würden, selbst zu sehen, was jetzt dran ist. Zu ihrer Überraschung schickt Jesus die Menge nicht weg. Der Hunger soll die entstandene Gemeinschaft nicht auflösen. Wenn Menschen hungern, meint er, dann lässt sich das Problem nicht so lösen, dass man ihnen Geld in die Hand drückt und sie zum nächsten Dorf in einen Laden schickt.

--- »Gebt ihr ihnen zu essen«, sagt Jesus. Ein merkwürdiger Satz, wenn man bedenkt, dass die Jünger wohl auch nicht über die benötigten Lebensmittel verfügten. Wie sollen sie die Fünftausend satt kriegen, die in einer öden Gegend kurz vor Einbruch der Nacht Hunger haben? Oder haben sie etwas bei sich, das für alle reicht, wenn man es nur richtig einsetzt? Ist es das Geheimnis des Teilens, bei dem das Wunder geschieht, dass viele von Wenigem satt werden?

--- Zweierlei wird jedenfalls deutlich an diesen Speisungsgeschichten. Erstens: Jesus nimmt den Hunger ernst. Er überspielt ihn nicht mit frommen Bemerkungen. Der Glaube verteilt nicht geistliche Plätzchen, von denen niemand satt wird, sondern Brot für die Welt.

--- Zweitens: Brechts Sentenz »Erst kommt das Fressen, dann kommt die Moral« bedarf nach der Lektüre dieser Speisungsgeschichten der Ergänzung. Er wäre dann nicht nur so zu verstehen: Wenn du den Leuten Brot vorenthältst, darfst du von ihnen auch keine Moral erwarten.

--- Vielmehr rückt Jesu beides eng aneinander: Brot und Moral, Brot und Religion. Im Brot, sagt Jesus, begegnet euch Gott. Im Brot steckt die Kraft dessen, was Gott für euch wachsen ließ. Im Brot steckt die Energie menschlicher Arbeit und handwerklichen Könnens. Im Brot, das ihr teilt, steckt das Geschenk der Gemeinschaft und der Erinnerung an den Schöpfer. Ohne Brot ist alles nichts.

--- Aber – nun muss auch das gesagt werden – Brot ist nicht alles. Wovon lebt der Mensch? Erinnern wir uns noch einmal an diese Frage. Vom Brot allein? Von materieller Erfüllung allein? Vom Sattsein allein?

--- Es gibt eine dämonische Begegnung im Leben Jesu, als der Teufel den materiellen Hunger des Menschen ausspielen will gegen seine Sehnsucht nach Gott. Als Jesus nach vierzig Tagen in der Wüste zermürbt ist von Hunger und Durst, nähert sich ihm der Teufel mit der verführerischen Vision, er solle doch aus Steinen Brot machen.

--- Jesus antwortet mit dem berühmten Zitat aus seiner Bibel, dem Alten Testament: »Der Mensch lebt nicht vom Brot allein, sondern von einem jeden Wort, das aus dem Mund Gottes geht.«

--- Bei aller Wertschätzung für das Brot. Das Brot allein macht nicht satt. Schon gar nicht wird satt, wer Steine als Brot verkaufen will. Das tun die Verführer, die aus den Steinen am Weg leicht konsumierbare Ware machen. Die Blut, Schweiß und Tränen im Leben als geistliche Nahrung verkaufen. Die das schwer Verdauliche als leicht genießbaren Stoff hinstellen. Opium fürs Volk bietet der Teufel an. Jesus widersteht.

--- Denn nicht vom Brot allein lebt der Mensch. Brot kann den Menschen auch korrumpieren. Mit Brot lassen sich Seelen kaufen. Erst kommt das Fressen, und dabei bleibt es dann auch. Keine Moral, keine Religion, keine Perspektive über das Materielle hinaus!

--- Darum hat der Apostel Paulus recht, wenn er im Brief an die Römer schreibt, dass »das Reich Gottes nicht Essen und Trinken, sondern Gerechtigkeit und Friede und Freude in dem heiligen Geist« (Römer 14,17) ist. Paulus hat auf seinen Reisen durchs Mittelmeer auch manche Dekadenz der Hafenstädte kennengelernt. Er weiß darum, was er sagt: Das Reich Gottes ist nicht weniger als die Bitte um das Brot. Aber es erschöpft sich nicht in dieser Bitte. Das Reich Gottes ist mehr!

--- Das Reich Gottes ist dort, wo der Mehrwert des Lebens erkennbar wird. Wo aus dem Brot eine Mahlzeit wird. Wo aus der Mahlzeit ein Fest wird. Wo aus dem Fest die Vision der künftigen Gemeinschaft Gottes mit uns Menschen erkennbar wird. Vorgeschmack eines erfüllten Lebens in Gottes Gegenwart und Nähe.

--- Wir leben vom Brot. Und damit ist alles gemeint, was zu unserem täglichen Lebensunterhalt gehört: Materielles und Geistiges, Lebenspartner und Freunde, das gute Wort und die schöne Musik. Das hält uns lebendig.

--- Wir leben vom Brot. Aber nicht vom Brot allein. Gerechtigkeit und Friede und Freude in dem heiligen Geist, wie Paulus sagt, gehören dazu. Sie sind die göttlichen Zutaten, die dem Leben Geschmack und Würze geben. Sie sind der Mehrwert, der unser Leben reich und uns wirklich satt macht.

Liebe geht durch den Magen

--- Liebe geht durch den Magen. So lautet eine bekannte Redenwendung. Der Volksmund weiß, dass Liebe – und sei sie noch so himmlisch – ein irdisches, ja ein materielles Fundament braucht. Wenn sie halten und sich nicht nur wie ein schöner Rausch verflüchtigen soll, dann muss sie auch satt machen.

--- Das gilt auch im religiösen Sinn. Auch die Liebe Gottes geht durch den Magen. Sie schwebt nicht irgendwo auf den Wolken, sondern hat eine greifbare Gestalt. Sie macht satt.

Mit anderen Worten: Gott gibt seiner Liebe zu uns eine irdische Grundlage. »Das Christentum wählt als Symbol der Vereinigung mit Gott den himmlischen Genuss«, schreibt die evangelische Theologin Johanna Haberer. Das ist in der Tat eine Wahrheit, die bislang viel zu wenig in ihrer Konsequenz bedacht wurde.

--- Nein, es geht keineswegs nur immer um Geistliches, wenn wir es mit Gott zu tun bekommen. Gott spart nicht. Er ist kein Geizhals. Und darum ist seine Liebe nie allein nur eine geistige oder geistliche Angelegenheit, körperlos und nicht zu fassen. Die Liebe Gottes geht auch durch den Magen. Sie betrifft auch den Leib in seinen Bedürfnissen. Sie macht, wie es in einem anderen Lied von Paul Gerhardt heißt, »schöne rote Wangen, oft bei geringem Mahl«.

--- Darum steht ein gedeckter Tisch im Mittelpunkt unseres Glaubens. Brot und Wein teilen wir miteinander im Namen Gottes und begegnen uns als Schwestern und Brüder an diesem Tisch – im gegenseitigen Geben und Nehmen. In aufmerksamer Freundlichkeit füreinander. Indem wir einander bedienen und uns bedienen lassen. So gut geht es uns selten im Leben wie bei einer guten Mahlzeit.

--- Darum steht das Mahl sinnbildlich für das Reich Gottes. So – wie bei einer guten Mahlzeit – soll es sein, wenn die Geschichte an ihr Ende kommt und Gott selbst unter den Menschen wohnen wird. Nicht mehr in einem fernen Himmel. Sondern mit uns zusammen am Tisch.

--- Manchmal erinnern wir uns an diese Hoffnung mitten am Tag. Jedes Tischgebet ist eine solche Erinnerung. Durch das vorangestellte Dankgebet wird jede Mahlzeit zu einem Vorgeschmack auf das kommende Freudenmahl. Zur Erinnerung daran, dass wir aus dem leben, was uns gegeben wird.

Vom Geheimnis der Verwandlung

--- Dass Wein ein besonderes Getränk ist, hat Menschen immer wieder fasziniert. Sein größtes Geheimnis aber ist vielleicht dieses: dass er uns auf die Spuren einer Verwandlung bringt, ohne die unser Leben trostlos wäre.

--- Ich meine nicht die rauschhafte Verwandlung, die das Gesicht des Menschen entstellen kann. Ich meine den Schwebezustand zwischen Himmel und Erde, zwischen Alltag und Fest, zu dem er uns führt. Die Zwischenräume, die er uns auftut in unseren zuweilen festgefügten Weltbildern, sodass transparent wird, was normalerweise undurchsichtig bleibt. Die Leichtigkeit des Seins, zu der er uns erhebt angesichts mancher Schwere des Alltags.

--- Der dem Geheimnis am nächsten ist, merkt die Verwandlung als erster: der Küchenchef bei der Hochzeit zu Kanaa. »Als aber der Speisemeister den Wein kostete, der Wasser gewesen war, und nicht wusste, woher er kam ...«, so lapidar beschreibt Johannes das Wunder einer Metamorphose. Wasser wird zu Wein! Der fachkundige Experte ist ihr erster Zeuge. Eine

Verwandlung, von der nichts Zauberhaftes oder Magisches berichtet wird, sondern nur, dass sie geschieht.

--- Eben noch mussten die Gastgeber dieses Hochzeitsfestes fürchten, dass die kalkulierte Getränkemenge nicht reichen würde – da fließt plötzlich der Wein in Strömen. Und schmackhafter als je zuvor! Eben noch herrschte die Sorge, die Hochzeit könne aus peinlichen Gründen vorzeitig zu Ende gehen – jetzt strömt die Freude über. Das Fest ist gerettet. Es ist genug da zum Feiern.

--- Nicht ohne Absicht stellt der Evangelist Johannes dieses Wunder an den Anfang des Auftretens Jesu. Denn das, was hier am Anfang geschieht, wird sich von jetzt an immer wieder zeigen: In der Nähe dieses Jesus wird aus Mangel Fülle. Aus dem Alltag wird ein Fest. Und aus der Angst, es würde wieder einmal nicht reichen, wird überströmende Freude und Gewissheit: Es ist genügend da von dem, was das Leben kostbar macht!

--- Die Verwandlung von Wasser zu Wein ist mehr als ein Mirakel: sie ist Verwandlung von Alltagszeit in Festzeit. Kein Tag soll leer bleiben. Jeder Stunde lässt sich Geschmack abgewinnen. Jeder Augenblick ist kostbar: kostbar, d. h. mit allen Sinnen zu probieren, zu schmecken, zu kosten.

--- Der jüdische Schriftsteller Schalom Ben-Chorin hat in seinem schönen Buch »Bruder Jesus« an einer Stelle, wo er über diese Geschichte spricht, darauf hingewiesen, dass Jesus nicht den zeitgenössischen Asketen zuzurechnen war, sondern eher in der Tradition jener Rabbinen stand, »die lehrten, man solle noch den letzten Groschen für edlen Wein ausgeben«. Der Wein erfährt eine große Hochschätzung in der jüdisch-christlichen Tradition.

--- Denn der Wein ist nicht einfach nur Genussmittel. Er ist das Symbol der Verwandlung schlechthin. Mit ihm verbindet sich die unerschütterliche Hoffnung, dass auch Menschen sich wandeln können. Dass auch die Verhältnisse nicht bleiben müssen, wie sie sind. Dass Menschen nicht zwangsläufig über-einander herfallen müssen, sondern einander in Frieden und Gemeinschaft begegnen können. Ebenso wie aus den Körnern von den Feldern das Brot und aus den Beeren von den Wein-bergen der Wein wird.

--- Der Wein ist das Medium der Verwandlung. Und weil er das ist, spielt er auch im christlichen Abendmahl eine zentrale Rolle. Nirgends werden die Spuren der Verwandlung so greifbar wie in der Feier dieses Sakraments. Wer als Einzelner kommt, findet Gemeinschaft. Wer am Leben zweifelt, erlebt es, willkommen zu sein. Wer bedrängt ist von Sorgen, findet Erlösung.

Lob des Sonntags

»Gott hat die Zeit geschaffen, von Eile hat er nichts gesagt«, sagt ein orientalisches Sprichwort. Der Gott der Bibel ist ein tätiger Gott. Aber er hat auch Zeit. Am siebten Tag sollst du ruhen, weil Gott selbst an diesem Tag ruhte – das ist die Pointe der Schöpfungsgeschichte. Dass alles seine Zeit hat, ist der Schöpfung von Anfang an eingestiftet: der Rhythmus von Tag und Nacht, von Ebbe und Flut, von Arbeit und Ruhe. Darin liegt für uns heute eine höchst aktuelle Weisheit: In unseren eiligen Zeiten allgegenwärtiger Beschleunigung bedarf es der heiligen Zeiten, die quer liegen zu Hektik und Stress. Schabbat und Sonntag, Feier- und Festtage sind solche hilfreichen Unterbrechungen. Nur wenn wir sie beachten, werden wir inmitten allen Lebens in der Balance bleiben. Darum lobe ich den Sonntag!

Zur Ruhe kommen

--- Vielleicht sind wir ja zu schnell. Wer im Zug der Zeit mit-
fährt, hat nicht nur das Gefühl, als flöge die Landschaft an
ihm vorbei. Er stellt auch fest, dass sich ab einer bestimmten
Geschwindigkeit da draußen nichts mehr erkennen lässt. Die
Konturen der Welt verschwimmen.

--- Das Bild vom Zug der Zeit, in dem wir alle sitzen, steht für
die zunehmende Beschleunigung vieler Lebensvorgänge in un-
serer Gesellschaft. Es macht den lauter werdenden Wunsch nach
Gegensteuerung, nach Entschleunigung, verständlich. Dass ein
Buch mit dem Titel »Die Entdeckung der Langsamkeit« zum
Bestseller werden konnte, ist sicher ein Indiz dafür.

--- Der französische Geschwindigkeitstheoretiker Paul Virilio
meint, dass wir Gefahr laufen, auf Grund der Geschwindig-
keitsexzesse in Wissenschaft und Technik die Welt zu verlieren.
Nicht nur Lebensräume seien beschädigt, sondern, so sagt er,
»auch die reale Zeit der Erde ist verschmutzt durch die Augen-
blicks-Schnelligkeit von Verkehrsmitteln und Medien. Eines
Tages wird es den Zeit-Raum der Welt nicht mehr geben, weil
wir die Ausdehnung und Dauer der Welt durch die Geschwindigkeit verloren haben werden.« Nötig sei eine »Ökologie der
Zeit«.

--- In der Tat lässt sich beobachten, dass technische Ent-
wicklungen, die zunächst einmal mit Zeitersparnis einher-
gingen, auf längere Sicht gegenläufige Tendenzen entwickelt
haben. Das Auto ersetzte zwar die langsame Pferdekutsche,

die Küchenmaschine erspart der Hausfrau langes Rühren, die Möglichkeiten des PC verbessern den Informationsfluss. Alle zeitsparenden Geräte aber wollen auch bedient werden – und vergrößern in der Summe die Zeitspanne, die zur Bedienung benötigt wird. So wird Zeit im Endeffekt doch wieder knapp.

--- Je größer der Beschleunigungsdruck aber wird, desto wichtiger ist es, an die Notwendigkeit von zeitlichen Zäsuren zu erinnern, die den ausufernden Zeitstrom kanalisieren helfen. Es gibt in unserer Kultur ein vor allem religiös begründetes Wissen, wie dem Zeitdruck zu begegnen sei.

--- Eine der wichtigsten Hilfen zur Gliederung der Zeit ist das biblische Gebot der Heiligung des Feiertags, des Schabbat. »Sechs Tage sollst du arbeiten. Aber am siebenten ist der Schabbat des Herrn, deines Gottes. Da sollst du keine Arbeit tun.« (Exodus 20,8–9)

--- Das hebräische Wort Schabbat heißt aufhören. Es bedeutet: Arbeit ist zwar notwendig zum Unterhalt menschlichen Lebens. Die arbeitsfreie Zeit aber, die Ruhe, ist göttlich und sie dient dem Menschen.

--- Für die biblische Schöpfungsgeschichte besteht der Schöpfungsakt vor allem darin, dass Gott das Chaos geordnet und der Welt eine Zeitordnung gegeben hat. Auf sechs Arbeitstage folgt der göttliche Ruhetag. Es ist interessant, dass es bereits in der biblischen Schöpfungsgeschichte einen Vorrang der Zeit vor dem Raum gibt. Vor dem Raum wird die Zeit geschaffen. »Und Gott sprach: Es werde Licht ... Da ward aus Abend und Morgen der erste Tag.« Mit dem Wechsel von Licht und Finsternis, von Tag und Nacht, wird die Zeit als Bühne bereitgestellt, auf der dann Pflanzen, Tiere und Menschen agieren können.

--- Der letzte der Schöpfungstage, der siebente, hat dabei eine Qualität, die ihn von allen anderen unterscheidet. Nur diesem einen Tag kommt das Prädikat der Vollendung zu. Nicht eine weitere Spitzenleistung krönt also am Ende die Schöpfung, sondern das Geschenk der Ruhe.

--- Ich würde diesen biblischen Gedanken so aktualisieren, dass ich sage: Es gibt keinen Schutz von Lebensräumen, ohne dass wir uns um den Schutz von Zeiträumen kümmern. Denn erst in den geschützten Zeiten unseres Lebens erfahren wir etwas darüber, wer wir sind. Dass das Sein einen Vorrang hat vor dem Machen. Dass das, was wir empfangen, mehr ist als das, was wir produzieren. Dass das, was wir mitbekommen haben an Gaben, Fähigkeiten, Talenten, mehr ist als das, was wir dieser Welt hinzufügen.

--- Das heißt aber auch, dass nicht der Mensch die Krone der Schöpfung ist, wie vielfach behauptet, sondern das göttliche Zeitmaß des Schabbat, das Zur-Ruhe-Kommen. Auf diese Weise kann der Mensch die Schöpfung so erfahren, wie Gott sie ursprünglich gemeint hat. Daraus ergibt sich als ethische Konsequenz: Weil Gott Zeit hat, soll das für sein menschliches Ebenbild ebenso gelten. Der Schutz des Sonntags und der Feiertage in unserem Grundgesetz nehmen diesen Gedanken auf.

--- Auch eine Ökologie der Zeit hätte hier einen wichtigen Ansatzpunkt. Denn die Gefahren, die für das menschliche Leben entstehen, wenn Zeitordnungen nicht beachtet werden, wenn biologisch vorgegebene Zeitrhythmen außer Kraft gesetzt oder einfach nur Pausen nicht eingehalten werden, sind mit Händen zu greifen. Es ist dies die tiefe Wahrheit der biblischen Schöpfungsgeschichte: Wer Zeiträume schützt, schützt damit auch Lebensräume. Oder, wie es das oben zitierte Sprichwort sagt: »Gott hat die Zeit geschaffen, von Eile hat er nichts gesagt.«

Sonntagsklänge

--- Der Sonntag ist für mich etwas Leises. In den Straßen dort, wo ich wohne, parken weniger Autos. Büros und Arztpraxen sind geschlossen. Es sind weniger Menschen unterwegs, und diese wenigen haben mehr Zeit. Kinder spielen auf der Straße, wo sonst Autos fahren. Es liegt eine spürbare Ruhe über dem Viertel. Ich genieße das Grün der Bäume, höre das Plätschern eines Brunnens. Die vertriebene Stille kommt vorsichtig zurück. Der Sonntag ist eine Unterbrechung. Auch ich selbst unterbreche mich in meiner Beschäftigung. Es gibt Dinge, die ich am Sonntag bleiben lasse. Der Terminkalender bleibt geschlossen, manchmal bleibt das Telefon liegen. Ich bin aufnahmefähiger. Die Musik, die ich am Sonntagmorgen höre, wähle ich sorgfältig aus. Meistens ist es eine Bachkantate. Musik von Johann Sebastian Bach gibt für mich am eindrücklichsten die besondere Schwingung des Sonntags wieder. Sie ist eine akustische Zäsur zwischen Alltag und Feiertag.

--- Der Sonntag ist auch eine Zeitoase. Zu ihm gehören bestimmte Räume, die ich aufsuche – vielleicht eine Kirche, vielleicht einen Wald oder Park, vielleicht ein Café. Ich möchte den Sonntag nicht allein, sondern zusammen mit anderen Menschen verbringen. Der Sonntag ist die Chance zu gemeinsamer Zeit gegenüber dem Alltag, wo jeder seinen eigenen Geschäften nachgeht.

--- Wichtiger aber als die sonntäglichen Räume, die ich aufsuche, ist der Zeitraum, den der Sonntag selbst darstellt: ein geschützter Zeitraum der Ruhe. Der jüdische Religionsphilosoph Abraham Heschel hat einmal vom Schabbat, dem jüdischen Vorbild des Sonntags, als einem »Palast in der Zeit« gesprochen. Das Bild gefällt mir sehr. Es macht neugierig, das Innere dieses Palastes, sein Geheimnis, aufzusuchen.

--- Heschel sagt, dass der Mensch mit Hilfe der Technik den Raum erobert hat. Ein Triumph, der aber nur dadurch errungen wurde, dass er einen wesentlichen Teil seiner Existenz geopfert habe: die Zeit. Zeit aber ist das Herz unserer Existenz.

--- Wenn wir die Architektur der Zeit mißachten, zerstören wir etwas sehr Entscheidendes. Es geht um eine kulturelle Errungenschaft, die zur Disposition steht. Es geht um diesen Rhythmus von 6:1, sechs Werktage – ein Feiertag, der sich seit biblischen Zeiten in beinahe allen Kulturen und Religionen durchgesetzt hat! Ihn zu nivellieren, würde einen hohen Preis kosten. Denn Zeit ist die kostbarste Ressource im menschlichen Leben. Jeder Mensch hat nur seine einmalige Zeit. Wir sollten schonend mit dieser kostbaren Ressource umgehen. Sie ist weder erneuerbar noch vermehrbar.

Zeit zum Durchatmen

--- Feiertage haben mit Atemholen zu tun. Unser Atem ist uns
so vertraut, dass wir ihn normalerweise kaum noch wahrnehmen.
--- Während ich diese Zeilen schreibe und Sie sie lesen, geht
der Atem durch uns hindurch, regelmäßig, ruhig, in einem ganz
bestimmten Rhythmus. Während wir heute Nacht schlafen und
vielleicht schön oder auch schlecht träumen: Unser Atem schläft
nicht, sondern versorgte unseren Körper weiter mit frischer
Luft. Ob wir tagsüber arbeiten oder spielen, lachen oder weinen:
Unser Atem erhält uns am Leben. Er ist sozusagen die Verbindung zwischen außen und innen.
--- Wenn wir es genau überlegen, so beginnt unser Leben auf
der Erde so richtig mit dem ersten Atemzug, dann, wenn wir
unsere Lungen aufblähen, sobald wir den Mutterleib verlassen
haben. Und unsere Zeit endet mit dem letzten Atemzug, wenn
wir eines Tages unser Leben aushauchen.
--- Wir merken schon: Unser Atem bestimmt unser Leben,
aber wir haben ihn nicht in der Hand. Wir leben von ihm, aber
wir können ihn nicht willkürlich verkürzen oder verlängern. Wir
können ihn nicht manipulieren, und wenn wir es versuchten,
dann geht das nur in sehr engen Grenzen. Unser Atem hält uns
am Leben. Er gehört zu uns, aber er kommt nicht von uns. Er
ist uns geschenkt und begleitet uns vom ersten bis zum letzten
Moment unseres Lebens.
--- Der Atem, sagt darum die Bibel, ist heilig. Er ist unantastbar, so unantastbar wie ein Menschenleben. Ohne ihn

wären wir nur leblose Körper, ein Stück toter Materie. Der Atem aber macht uns zu lebendigen Menschen – jeden einzelnen von uns.

--- Die Bibel erzählt, dass Gott dem Menschen seinen Atem einhaucht. »Da machte Gott der Herr den Menschen aus Erde vom Acker und blies ihm den Odem des Lebens in seine Nase«, so heißt es in der Schöpfungsgeschichte (Genesis 2,7). Auf diese Weise wird aus dem leblosen Erdenkloß ein lebendiges Wesen.

--- Aber nicht nur der Mensch hat seinen Atem, seine Lebenskraft von Gott, sondern alles, was lebt. In allem, was lebt, lebt auch dieser Atem, sozusagen ein Hauch von Gott. Der Schweizer Dichterpfarrer Kurt Marti hat das in einem Lied sehr schön gesagt: »In uns kreist das Leben, das uns Gott gegeben, kreist als Stirb und Werde dieser Erde.« Das Leben ist nichts anderes als der Atem, der durch uns hindurchgeht. Wenn der Atem da ist, ist Leben da, wenn der Atem stirbt, stirbt das Leben – und vielleicht legen Sie einmal Ihre Hand vorne auf die Brust, um zu spüren, wie es in Ihnen atmet ...

--- Zum Atmen gehört aber auch ein bestimmter Rhythmus: Wir atmen ein und wir atmen aus. In diesem Wechsel von Einatmen und Ausatmen, von Empfangen und Abgeben, vollzieht sich unser Leben. Wir können uns diesem Rhythmus nicht entziehen, selbst, wenn wir wollten. Wir können nicht beschließen: Ab sofort halten wir die Luft an und hören auf mit dem Atmen. Der Rhythmus ist stärker.

--- Die Bibel sagt nun immer wieder, dass nicht nur der Mensch seinen Rhythmus hat, sondern die ganze Schöpfung in einem bestimmten Rhythmus schwingt. »Am Anfang«, so heißt es, »schuf Gott Himmel und Erde« – sechs Tage hat er dazu gebraucht und am siebten Tag hörte er auf damit. In diesem Rhythmus von 6:1 schwingt das Leben in vielen Kulturen, sechs Arbeitstage und ein Ruhetag.

--- Der Ruhetag, das ist der Schabbat. An diesem Tag hört Gott nicht etwa auf mit seinen Werken, weil er müde wäre und Erholung bräuchte. Gott hört auf, weil er sich freut über seine Schöpfung, die ihm so gut gelungen ist, dass es immer wieder heißt: »Siehe, es war sehr gut.« An diesem besonderen Schöpfungstag atmet Gott sozusagen tief durch, er atmet auf.

--- Mit diesem siebten Tag, mit dem Aufhören Gottes, ist der ganzen Schöpfung ein bestimmter Rhythmus eingestiftet: Sechs Tage sollst du arbeiten, am siebten Tag sollst du ruhen. In diesem Wechsel von Tun und Lassen soll sich unser Leben vollziehen. Und auch das gilt keineswegs nur für uns Menschen, sondern für die ganze Schöpfung: Auch die Tiere sollen in den Genuss dieser Ruhe kommen, auch fremde Menschen, ja sogar das Land soll ausruhen dürfen. Alles, was lebt, darf Atem holen und soll sich an den erinnern, der diesen Atem geschenkt hat.

Im Rhythmus des Lebens

--- Wie oft sind wir dabei, unseren Atem zu verlieren, außer Atem, atemlos, gehetzt von, Terminen und Verpflichtungen. Dann muss der Sonntag herhalten, um das noch zu erledigen, was an den sechs Werktagen nicht geschafft wurde. Dann werden Feiertage abgeschafft, um das Geld für die Pflegeversicherung zusammenzukriegen. Dann werden verkaufsoffene Sonntage eingerichtet, um nur keine Chance für noch mehr Konsum auszulassen.

--- Wir sind dabei, unseren Rhythmus zu verlieren. Und nicht nur das: Wir übertragen unser Gehetztsein auf die Natur. Wir wollen nicht nur dann ernten, wenn die Äpfel und Birnen reif sind, sondern möglichst das ganze Jahr über. Dazu müssen wir aber Äpfel und Birnen aus der ganzen Welt herbeischaffen – mit all den ökologischen Kosten, die das verursacht.

--- Wir finden, dass das Getreide auf den Feldern zu langsam wächst oder die Kühe zu wenig Milch geben – und fangen an, das Erbmaterial gentechnisch zu verändern.

--- Es fällt uns schwer zu akzeptieren, dass wir als Menschen nicht überall dabei sein können, dass wir Grenzen haben – und wir entwickeln eine Mobilität, die uns in die letzten Winkel der Erde bringt, mit der wir aber auch in wenigen Jahrzehnten die Energievorräte verfeuern, die in Jahrmillionen der Erdgeschichte entstanden sind.

--- Und wenn mein Eindruck nicht täuscht, dann werden wir nicht ruhiger dabei, zufriedener, sondern immer atemloser, immer in der Angst, uns könnte etwas entgehen. Wir treiben nicht nur unseren eigenen Puls in die Höhe, sondern auch den Pulsschlag der Schöpfung. Wir fragen nach mehr, wo es darauf ankäme zu lernen, wie wir mit weniger auskämen, weniger Mobilität, weniger Energieverschwendung, weniger Konsum. Wir wollen Grenzen überspringen, wo es darauf ankäme, sie zu akzeptieren. Wir wollen ernten, wenn keine Erntezeit ist.

--- Dagegen erinnern uns die alten biblischen Texte an das, worauf es ankommt: wieder Luft zu holen, den Atem wiederzufinden, den eigenen Rhythmus zu entdecken. Den Pulsschlag der Schöpfung kennenlernen und respektieren, das Arbeiten und das Ruhen, das Tun und das Lassen, das Einatmen und das Ausatmen, das Säen und das Ernten. Der Natur Atem gönnen, Zeiten der Ruhe und Erholung, wie wir sie ja auch für uns selbst brauchen.

--- »Gott gab uns Atem, damit wir leben« – das ist das Geschenk, das uns von früh bis spät begleitet, vom Anfang bis zum Ende unseres Lebens. Ich glaube, dass es darauf ankommt, sich immer wieder auf diesen Atem zu besinnen, von dem wir leben.

--- Sich erinnern an den Pulsschlag der Schöpfung, den nicht wir machen, aber von dem wir doch ganz grundlegend abhängig sind. Grenzen respektieren lernen, damit die Natur wieder Atem holen kann, die Pflanzen und die Tiere, der Boden und das Wasser, Wälder und Länder.

--- Gott hat allem Leben seinen Rhythmus eingestiftet. In allem, was lebt, wohnt ein Hauch von Gott. Nehmen wir diesen Hauch, diesen Schöpfungsatem wahr, damit die Schöpfung und wir in ihr leben können!

Den Wurzeln verbunden sein

--- Wir brauchen Zeiten und Räume, Zeiträume, in denen wir uns unserer Wurzeln gewiss werden. Davon erzählt folgende Geschichte:

--- An einem abgelegenen Ort stand eine Lilie, sorglos und froh, der Sonne zugewandt. Eines Morgens kam ein kleiner Vogel und schloss Bekanntschaft mit der Lilie. Am nächsten Tag kam er wieder, und so fort, bis, ja bis sich die Lilie in den Vogel verliebte, weil er so lustig war.

--- Der Vogel aber ließ die Lilie spüren, wie frei er war und wie fest sie an den Boden gewurzelt blieb. Der Vogel erzählte ihr von herrlichen Lilien, die es anderswo gäbe, so prächtig wie sonst keine Lilie. Darüber wurde die Lilie bekümmert, und sie begann, mit ihrem Schicksal zu hadern.

--- Immer kümmerlicher kam sie sich vor und wünschte nichts sehnlicher, als an anderer Stelle zu wachsen: dort bei den vielen Lilien in der Ferne, von denen der kleine Vogel erzählt hatte. Eines Tages war es so weit. Sie bat den Vogel: Nimm mich in deinem Schnabel zu den anderen Lilien!

--- Da löste der Vogel das Erdreich um ihre Wurzeln, nahm sie in seinen Schnabel und flog mit ihr davon. Er wollte sie ans Ziel ihrer Sehnsucht tragen, dorthin, wo sie in Gesellschaft anderer schöner Lilien eine Prachtlilie werden könnte. Doch unterwegs verwelkte die Lilie. So endet die kleine Geschichte, die uns der dänische Philosoph und Theologe Sören Kierkegaard erzählt. Getrennt von ihren Wurzeln, entnommen dem sie nährenden Erdreich, verkümmert die

Lilie zusammen mit ihren Träumen. Der Traum von der Freiheit ohne Wurzeln welkt wie ein abgerissenes Blatt.

--- Kierkegaard erzählt diese Geschichte sicher nicht, um eine Moral nach dem Motto »Bleibe im Lande und nähre dich redlich« zu predigen. Wohl aber will er sagen, dass ohne Wurzeln nichts wächst und Lösung nicht automatisch Erlösung bringt. Darum bedeutet auch Freiheit für sie, die auf guten Boden angewiesen ist, etwas anderes als für den Vogel. Sein Versprechen ignoriert gerade das, was für die Blume unverzichtbar ist, um gedeihen zu können: ihre Wurzeln.

--- Mich erinnert dieses Gleichnis an ein anderes. An das Gleichnis von den Lilien auf dem Felde, die Jesus in ihrer schlichten Schönheit der Pracht am Hofe des Königs Salomo gegenüberstellt. Die Lilien auf dem Felde dienen Jesus als Illustration für seine Worte: »Sorget nicht um euer Leben! Denn wenn Gott schon für die Vögel am Himmel und die Lilien auf dem Feld sorgt, um wie viel mehr sorgt er sich um euch und für euch! Darum sorgt nicht für morgen, denn der morgige Tag wird für sich selbst sorgen.«

--- Der Sorge um die Freiheit stellt Jesus die Freiheit von der Sorge gegenüber. Sie wurzelt in der Zuversicht, dass das, was wir zum Leben brauchen, auch da ist. Auf dem Boden unseres Lebens kann vieles gedeihen, wenn wir nur – wie die Lilien auf dem Felde – die Verbindung zum Grund und Geber allen Lebens aufrechterhalten. Diese Verbindung einzuüben, dazu verhilft uns der Sonntag.

Lob des Aufhörens

So wie das Anfangen ist auch das Aufhören eine Passagesituation, ein Durchgang, ein Einschnitt in unseren Fluss der Zeit. Etwas, das war, wird künftig nicht mehr sein. Ich muss Abschied nehmen. Der Blick ist zurückgerichtet, um frei zu werden für einen neuen Anfang. Aufhören und Anfangen berühren sich darum auf geheimnisvolle Weise. Wer nichts beenden kann, wer niemals aufhört, ist schwerlich in der Lage, dem Neuen zu begegnen. Damit das Aufhören aber gelingen kann, braucht es Zeit: zum Betrachten dessen, was die Vergangenheit an Früchten gebracht hat, zur Dankbarkeit für Erlebtes, zum Ziehen eines Schlussstrichs unter gute wie unter schlechte Erfahrungen. Darum lobe ich das Aufhören!

Vom Zauber des Aufhörens

--- Irgendwann hört es auf. Dieses »es« kann alles Mögliche sein. Eine Aufgabe, die erledigt ist. Die Zeit des Lernens und Studierens, die abgeschlossen hinter mir liegt. Ein schöner Urlaub, der zu Ende geht. Eine Beziehung, die zerbricht, weil zwei Menschen sich nichts mehr zu sagen haben und auseinander gehen.

--- »Als sie einander acht Jahre kannten (und man darf sagen: sie kannten sich gut), kam seine Liebe plötzlich abhanden. Wie andern Leuten ein Stock oder Hut«, heißt es in einem Gedicht von Erich Kästner. Darin wird das unmerkliche Aufhören einer Liebe beschrieben. Das einstige Liebespaar kann es selbst nicht fassen, dass seine Liebe versickert ist wie Wasser im Sand.

In der Bibel, im Buch Prediger, stehen die Worte »Alles hat seine Zeit«. Jede Aufgabe, alles Studieren, jede Beziehung hat ihre Zeit – ihre Schönheit, ihre Größe, ihre Erfüllung. Aber alles hat irgendwann auch sein Ende. Auch wenn ich dachte, es muss ewig so bleiben, wie es ist.

--- Es gibt Situationen, wo ich mir das Aufhören von etwas herbeigewünscht habe. Dann bin ich froh, dass etwas endlich vorbei ist; dass ich endlich eine ungeliebte Tätigkeit sein lassen kann.

--- Manchmal aber ist es genau umgekehrt. Wie schön wäre es, denke ich dann, wenn es noch dauern würde! Ich könnte noch ewig weitermachen. Länger mit Freunden zusammen sein. Eine Reise fortsetzen. Es schmerzt, dass ich jetzt aufhören muss.

--- Aufzuhören ist eine Kunst, die man lernen kann. Wenn sie gelingt, setze ich einen Schlusspunkt – ohne Verbitterung, ohne Enttäuschung. Ich bewahre das in mir auf, was gut war. Und ich öffne zugleich meine Hände und bin bereit, etwas Neues zu beginnen.

--- Wenn das Aufhören hingegen misslingt, dann bleibe ich an der Vergangenheit kleben. Und verliere die Freiheit, mein Leben neu zu ordnen.

--- Das Wort »Aufhören« hat in unserer Sprache ja eine doppelte Bedeutung. Die erste Wortbedeutung ist uns geläufig. Von ihr habe ich eben gesprochen. Hier handelt es sich um das »Zu-Ende-Bringen« von etwas.

--- Aber es gibt noch ein anderes »Aufhören«. Dabei geht es vor allem um das Hören. Ich höre auf etwas, was ich vorher nicht bemerkt habe. Ich spitze die Ohren und höre auf eine Stimme, die ich bislang überhört habe. Vielleicht ist es meine innere Stimme, die mir sagt, dass es Zeit ist aufzuhören. Vielleicht ist es ein Mensch, der mich ermutigt, es gut sein zu lassen. Was mich so lange bewegt und beschäftigt hat, ist dabei, Vergangenheit zu werden. Lass es also gehen und verabschiede dich! Und höre in Frieden auf!

--- Manchmal muss man aufhören mit einer Sache oder einer Beschäftigung, um wirklich – im akustischen Sinn – aufhören zu können. Um die Stimme zu hören, die mir eine neue Richtung weist.

--- Herrmann Hesse hat in seinem Gedicht »Stufen« davon gesprochen, dass jedem Anfang ein Zauber innewohnt. Ich bin überzeugt, auch dem Ende kann ein Zauber innewohnen – die Möglichkeit nämlich, einen neuen Anfang machen zu können. Das wird dann gelingen, wenn ich im doppelten Sinn lerne aufzuhören: Ich lasse etwas bleiben, höre auf damit, um auf das zu hören, was das Leben noch mit mir vorhat.

Abschied nehmen

--- Abschied zu nehmen und auf Reisen zu gehen ist keine Errungenschaft unserer Tage. Bereits in der Bibel machen sich Menschen auf den Weg. Meistens handelte es sich um Wallfahrten oder Pilgerreisen, die man aus Anlass besonderer Festtage unternahm. Man begab man sich an Orte mit besonderer Ausstrahlungskraft.

--- Auch von Jesus wird erzählt, dass er mit seinen Eltern nach Jerusalem zog, um dort das Passahfest zu feiern. Ein besonderer Tag sollte es für ihn werden, den er mit großer Spannung erwartete. Mit zwölf Jahren war er genau in dem Alter, in dem er vollgültig in die Religionsgemeinschaft aufgenommen wurde. Im Rahmen dieses Festes würde er seine religiöse Mündigkeit erlangen.

--- Ein Übergangsritual war mit dieser Reise verbunden, das jeder Heranwachsende mit großer Spannung erwartete. Schon die Reise selbst war von dieser Spannung gekennzeichnet. Der Abschnitt der Kindheit lag nun hinter Jesus. Etwas anderes deutete sich an, war aber noch nicht deutlich zu erkennen. Was würde geschehen, wenn die Schwelle überschritten war, die in einen neuen Lebensabschnitt führte?

--- Selbst in einer säkularen Umwelt haben Reisen ihren Schwellencharakter bis auf den heutigen Tag behalten. Etwas bleibt zurück – bei jeder Reise. Vielleicht sind es Familienangehörige, vielleicht ein Haustier. Sicher sind es bestimmte Aufgaben und Pflichten, die man jetzt loslassen darf. Eine Wohnung oder ein Haus, ein Garten. Dinge sind zu regeln. Aber dann ist der Abschied auf Zeit gekommen und der Blick richtet sich voller Vorfreude nach vorne.

--- Was will ich zurücklassen? Was kommt auf mich zu? Was möchte ich erleben? Mit jeder Reise verbinden sich Erwartungen und Sehnsüchte. Manchmal auch Ängste. In Zeiten, als die Verkehrswege noch unsicherer waren als heute, war das Gefühl für die Gefahren einer Reise stärker als heute ausgeprägt. Darum spielte der Reisesegen eine große Rolle.

--- Bevor man die Haustür hinter sich schloss, wurden die Zurückbleibenden dem Segen und der Fürsorge Gottes anbefohlen. Auch für sich selbst erbat man das Geleit Gottes, der sich auskannte mit Wanderschaft. Denn nach biblischem Zeugnis war Gott nicht ein sesshafter Gott, sondern unterwegs mit seinem Volk.

--- Ade, Adieu, Adios – rief man sich damals wie heute zu. Dem mitgehenden Gott anbefohlen, damit auf guten Abschied sichere Ankunft und gesunde Heimkehr folgt!

Wofür lebe ich?

--- Der Schweizer Schriftsteller Max Frisch hat in einem seiner Tagebücher einen Fragebogen entworfen, der sich mit dem Ende des Lebens beschäftigt. Mit Fragen, die sicher nicht zu öffentlicher Erörterung geeignet sind, zur Selbsterforschung aber nützlich sein können.

--- Sie lauten: »Haben Sie schon einmal gemeint, dass Sie sterben, und was ist Ihnen dabei eingefallen? A: was Sie hinterlassen? B: die Weltlage? C: eine Landschaft? D: dass alles eitel war? E: was ohne Sie nie zustande kommen wird? F: die Unordnung in den Schubladen?«

--- Was ich frappierend finde: den Gegensatz zwischen der dramatischen Situation des nahen Todes und der geradezu banalen Reaktion, wie sie sich in den angebotenen Antworten ausdrückt. Oder sind diese Antworten gar nicht so banal?

--- Fällt mir angesichts des nahen Todes möglicherweise tatsächlich ein, was ich hinterlasse? Vielleicht eine Familie, vielleicht ein erworbenes Vermögen, eine Frau oder einen Freund, Kinder oder Enkel, vielleicht ein paar Texte, die ich geschrieben habe?

--- Oder denke ich an die Weltlage? Den ewigen Wechsel von Krieg und Frieden? Das, was ich gerne geändert hätte, aber wozu die Kräfte nicht reichten?

--- Und weiter: Gibt es vielleicht doch etwas, das ohne mich nicht zustande kommen wird? Oder bleibt am Ende nur das schlechte Gewissen, weil ich meine Schubladen besser hätte aufräumen sollen?

--- Nein, so banal sind die Fragen auf diesem Fragebogen wirklich nicht. Denn von der Art, wie ich sie beantworte, hängt allerhand ab. Sie haben eigentlich auch ziemlich wenig mit dem Tod zu tun. In Wahrheit zielen sie auf das Leben.

--- Letztlich geht es bei allen Fragen um eine einzige Frage: Wofür lebe ich eigentlich? »Wir haben nichts in die Welt gebracht; darum werden wir auch nichts hinausbringen«, so steht es im Neuen Testament, im 1. Timotheusbrief. Angesichts des Todes relativiert sich alles. Auch alle denkbaren Antworten auf dem Fragebogen.

--- Aber es bleibt ein anderes Kriterium zur Beurteilung unseres Lebens. Es bleibt etwas, das Gott uns von allem Anfang mitgegeben hat: Die Fähigkeit, menschlich zu sein und Zeit füreinander zu haben.

Worauf ich mich verlasse

--- Nach neun Jahrzehnten sieht die alte Dame immer noch strahlend aus. »Wie machen Sie das?«, fragt sie die Journalistin. Und die Antwort kommt prompt: »Ich kaufe teure Kosmetika. Mein Mann meinte immer, Nivea tue es auch. Doch ich liebe teure Cremes. Das ist die Magie der aufgeklärten Frau.«

--- Bei der aufgeklärten Frau handelt es sich um die Psychoanalytikerin Margarete Mitscherlich. Zusammen mit ihrem Ehemann Alexander gehörte sie zu den führenden Intellektuellen der jungen Bundesrepublik. Gemeinsam verhalfen sie der von den Nazis verfemten Psychoanalyse zu neuem Einfluss.

--- In dem Gespräch, das eine namhafte Zeitschrift aus Anlass ihres 90. Geburtstags veröffentlichte, gewinnt man zuletzt den Eindruck: Hier wird die Ernte eines langen Lebens eingebracht.

--- Das Gespräch endet dann auch nicht in dem leichten Ton, in dem es begonnen hat. Die letzte Frage der jungen Journalistin lautet: »Haben Sie Angst vor dem Sterben?«

--- Margarete Mitscherlich antwortet: »Natürlich. Und es wäre sehr angenehm vom lieben Gott, an den ich nicht glaube, wenn er mich geistig klar sterben ließe. Ich habe die größte Angst vor der Abhängigkeit, die ein umnachteter Kopf mit sich bringt.«

--- Und dann fährt sie fort: »Doch wem hilft solche Grübelei? ‚Seht die Vögel unter dem Himmel an‘, heißt es in der Bergpredigt. ‚Sie säen nicht, sie ernten nicht, sie sammeln nicht in die Scheunen; und euer Vater ernährt sie doch. Darum sorgt nicht für morgen. Es ist genug, dass ein jeder Tag seine eigene Plage hat.‘ So versuche ich zu leben. Tag für Tag.«

--- Damit endet das Gespräch mit der Jubilarin. Und ich denke: Ein gutes Stück dialektischer Theologie ist das. Ich meine das in dem Sinne, dass Margarete Mitscherlich dem landläufigen Bild eines lieben Gottes, der alles zum Happy End führt, widerspricht.

--- Und dennoch erscheint im Widerspruch eine Wahrheit: dass der himmlische Vater, dem die Vögel nicht zu gering sind, ihnen Speise zu geben, dem Menschen – gerade dem, der an einer

Schwelle steht – eine fundamentale Zusage macht. Sie lautet:
Sorge nicht! Denn ein anderer sorgt für dich, wenn du selbst
damit aufhörst. Darauf darfst du dich verlassen.

Verlust und Gewinn

--- Von den letzten Kriegsmonaten des Zweiten Weltkriegs
handelt der letzte Roman von Walter Kempowski. Erzählt wird
die Geschichte von Menschen zu Beginn des Jahres 1945. Es
sind ganz besondere Gestalten, die uns da begegnen – auf einem Gutshof irgendwo in Ostpreußen unweit der russischen
Grenze.

--- Noch hält die Front. Aber ihr Grollen lässt schon den
Boden des Hauses erzittern, auf dem jener Georgenhof, der im
Mittelpunkt des Romans steht, erbaut ist. Generationen haben
hier gelebt: Gutsherren, Bauern und Knechte.

--- Noch ahnt niemand, wie radikal sich das Leben in den
nächsten Tagen und Wochen verändern wird. Schon bald aber
werden auch die Bewohner und Gäste dieses beschaulichen
Gutshofes gezwungen sein, mit wenigen Habseligkeiten auf den
großen Treck zu gehen – dem frischen Haff entgegen, wo man
sich Rettung erhofft und wo so viele im brechenden Eis der Ost-
see den Tod gefunden haben.

--- Alles umsonst. Das Buch von Walter Kempowski behandelt
ein Kapitel deutscher Geschichte, das über viele Jahrzehnte
tabuisiert war: die Flucht und Vertreibung aus dem ehemaligen

Osten Deutschlands. Jetzt erst scheint die Zeit gekommen, sich ohne ideologische Voreingenommenheiten damit auseinander-zusetzen und aus der Deutung der damaligen Ereignisse Konse-quenzen für unser heutiges Leben zu ziehen.

--- Kempowski stellt seinem Roman als Leitmotiv einen Vers von Martin Luther voran: »Bei dir gilt nichts denn Gnad und Gunst, die Sünde zu vergeben, es ist doch unser Tun umsonst auch in dem besten Leben.«

--- Alles umsonst, das bedeutet ja zweierlei. Einerseits: der Krieg und seine Folgen haben die Mühen und Erfolge von Generationen vernichtet, verbrannt, ausgelöscht. 700 Jahre deut-scher Geschichte verschwinden über Nacht. Die Folgen sind bis heute zu spüren, nicht nur für die, die damals dabei waren.

--- Aber es gibt auch eine andere Bedeutung dieses »alles um-sonst«. Es kann ja auch gemeint sein: alles geschenkt, alles gra-tis. Und tatsächlich: Am Ende des Romans rettet jemand, von dem man es am wenigsten gedacht hätte, dem kleinen Peter vom Georgenhof das Leben.

--- Das Kind überlebt das Chaos und erfährt die Wahrheit die-ser anderen Bedeutung: Es gibt keinen Anspruch auf irgendet-was im Leben. Am Ende bleibt nur das bestehen, dass bei allen Verlusten das Leben selbst das größte Geschenk ist, ganz und gar umsonst.

Die Kunst des Seinlassens

--- Beim Blättern in Erich Kästners literarischer Hausapotheke finde ich ein Gedicht, so recht passend für den letzten Tag im Jahr. Es trägt den Titel »Spruch für die Silvesternacht«. Und so beginnt es:

»Man soll das Jahr nicht mit Programmen
beladen wie ein krankes Pferd.
Wenn man es allzu sehr beschwert,
bricht es zu guter Letzt zusammen. –
Es nützt nicht viel, sich rotzuschämen,
Es nützt nichts, und es schadet bloß,
sich tausend Dinge vorzunehmen.
Lasst das Programm! Und bessert euch drauflos!«

--- Erich Kästner war das, was man einen Moralisten nennt, ein Kenner menschlicher Schwächen und ein Spötter dazu. Darin aber hat er recht: Man soll das Jahr – und gemeint ist ja das neue – nicht mit Programmen beladen wie ein krankes Pferd.

--- Bevor wir uns an neue Pläne und Vorhaben machen, sollten wir die alten einmal sichten und aussortieren, was sich als Ballast erwiesen hat. Dazu eignet sich das Jahresende ganz gut. Wir halten inne und schauen zurück. Und fragen uns: Was war zuviel? An welcher Stelle kann ich Lasten abwerfen, Termine reduzieren? Was werde ich in Zukunft sein lassen?

--- Es ist ja merkwürdig, dass bei uns vor allem die Menschen Wertschätzung erfahren, die dauernd herumwirbeln, sich immer neue Sachen ausdenken und ständig auf dem Sprung sind nach etwas Neuem. Wahrscheinlich braucht unsere Gesellschaft solche Leute!

--- Aber genauso wichtig wäre es doch wohl, die zu loben, die die Dinge auch einmal sein lassen können. Ein Lob für die, die sich auf die Kunst der Gelassenheit verstehen. Denen es gelingt, ihren Terminkalender so auszumisten, dass Zeit bleibt für die schönen und wichtigen Sachen im Leben, für Kinder und Freunde, für Kunst und Kultur. Ein Lob denen, die Platz lassen für Überraschendes und Spontanes.

--- Lassen wir das alte Jahr also in Frieden ziehen. Und bepacken wir das neue nicht sofort wieder mit Programmen. Aufhören können, sich in Frieden zu verabschieden, hat etwas Heilsames. Sagen wir den vielen Sachen Adieu, die wir jetzt hinter uns lassen. Adieu und Gott befohlen!

Lob der Ewigkeit

Dass wir in Zeitnot geraten sind, hat gewiss damit zu tun, dass uns der Glaube an die Ewigkeit entschwunden ist. Wo eine Perspektive fehlt, die über das menschliche Leben hinausweist, muss alles im Hier und Jetzt erledigt werden. Auf diese Weise wächst die Angst, etwas zu versäumen, wie auch der Stress, möglichst alles mitzubekommen. Ewigkeit ist aber nicht die Verlängerung unserer Zeit. Sie ist in Gott geborgene Zeit, die Vergangenheit, Gegenwart und Zukunft umgreift. Die Begegnung mit ihr ist keine Angelegenheit nach unserer Zeit, sondern in der Zeit. Manchmal wird uns ein Blick aus dem Fenster unserer Zeit hin zur Ewigkeit geschenkt. Dann erleben wir die Befreiung aus der Angst, etwas zu verpassen, weil alles da ist, was wir zum Leben und Sterben brauchen. Darum lobe ich die Ewigkeit!

Fenster zur Ewigkeit

--- »Er hat alles schön gemacht zu seiner Zeit, auch hat er die Ewigkeit in ihr Herz gelegt; nur dass der Mensch nicht ergründen kann das Werk, das Gott tut, weder Anfang noch Ende«, heißt es im Buch Kohelet.

--- Die Rede ist nicht von der Zeit, die gemessen oder definiert werden kann. Die Rede ist auch nicht von einer Zeit, die wir als unsere Lebenszeit erleben. Die Rede ist von einer Zeit, die wir mehr erahnen, als dass wir von ihr wüssten. Aber Ahnungen bestimmen nicht weniger unser Leben als die harten Fakten der Wissenschaft.

--- Ahnungen haben wir, weil das, was wir sehen, tasten und begreifen können, nur ein Teil der Wirklichkeit ausmacht. Vielleicht nicht einmal den bedeutendsten Teil. Das gilt auch im Blick auf die Zeit. Wir werden geboren, leben ein Weilchen – wenn's hoch kommt 80 Jahre, wie der biblische Psalm sagt – und wir gehen dahin. Soll das alles gewesen sein?

--- Im Blick auf unser Leben ist das wohl das besondere Charakteristikum der Zeit: ihre Flüchtigkeit. Das Leben schwindet dahin. Und keine Mode und keine Medien, keine Medizin und keine Diäten, keine Kuren und keine Fitnessprogramme können uns darüber hinwegtäuschen, dass es flüchtig ist. Unsere Zeit ist endlich.

--- Johann Peter Hebel, der badische Dichter und Pfarrer, Zeitgenosse von Goethe, erzählt in seiner Geschichte »Unverhofftes Wiedersehen« über die Flüchtigkeit der Zeit und wie daraus

eine Ahnung von Ewigkeit erwächst. Es ist die Geschichte einer
jungen Liebe, die, kaum dass sie begonnen hat, zu Ende ist.
Eine junge Frau und ein junger Mann, von Beruf Bergmann,
planen ihre Hochzeit. Noch vor der Hochzeit aber verunglückt
der junge Bräutigam unter Tage. Die Verbindung der Liebenden
wird getrennt, bevor sie wirklich geknüpft wurde. Die junge
Braut bleibt zurück, ohne ihrem Bräutigam je die Treue auf-
zukündigen.

--- Jahrzehnte später wird der Leichnam des Verunglückten aus
dem Bergwerk geborgen. Kein Alter ist ihm anzumerken, kein
Prozess der Verwesung festzustellen. Denn der tote Körper lag
all die Zeit über in einer Lösung aus Vitriol, die ihn konserviert
hatte. Während die Menschen in diesem Städtchen gealtert sind,
blieb die äußere Gestalt des jungen Mannes unversehrt. Weil
aber die Zeit so weit fortgeschritten ist und fast alle von damals
mittlerweile das Zeitliche gesegnet haben, ist es schwer, den
gefundenen Mann zu identifizieren.

--- Wer könnte das tun außer seiner jungen Verlobten von
damals? Die wird schließlich gefunden: eine alte Frau, die sich
sehr genau an das vor undenklichen Zeiten geschehene Unglück
erinnern kann. Sie weiß auch, wer der Gefundene ist: ihr Bräutigam, mit dem sie einst die Hochzeit vorbereitete.

--- Es ist eine bewegende Geschichte über die Ungleich-
zeitigkeit der Zeiten, die uns Johann Peter Hebel erzählt.
Während alle altern, bleibt einer in jugendlicher Frische konserviert. Die Lebenszeit der Braut, aus der eine greise Frau

geworden ist, ist beinahe abgelaufen. Aber noch einmal findet sie im Gesicht ihres jugendlichen Bräutigams das Verspre- chen, das sich beide einst gaben. Es ist das Versprechen, der Zeit zu widerstehen im Namen der Liebe. Stark wie der Tod, ist die Liebe. (Hoheslied 8,6)

--- Mehrere Zeitgestalten begegnen uns in dieser Geschichte: die Zeit der jungen Braut, aus der am Ende eine gebrechliche alte Frau geworden ist; die Zeit des in einer Vitriollösung prä- parierten Körpers des Bergmanns, die stillzustehen scheint; die kurze gemeinsame Zeit von beiden vor ihrer Hochzeit. Und die noch kürzere Zeit des »unverhofften Wiedersehens« mit der Beerdigung, die von der Braut wie eine Hochzeit begangen wird. Am Ende aber formuliert die alte Frau das, was ihr die Quintes- senz dessen ist, was sie erlebt hat: »Was die Erde einmal wieder- gegeben hat, wird sie zum zweiten Mal auch nicht behalten.« Es ist die Hoffnung auf eine Zeit, die die Bruchstücke des gelebten Lebens umschließt und zusammenfügt. Es ist die Gewissheit einer Zeit jenseits der Zeit, die das Getrennte zusammenfügt. So wird ihr das Fragmentarische der verschiedenen Zeitformen des Lebens zum Transparent für die Ewigkeit.

Dennoch verhalten sich Zeit und Ewigkeit nicht zueinander wie eine Strecke und deren Verlängerung ins Unendliche. Es gibt keine Zeit, die auf diese Zeit folgen würde. Ewigkeit als Zeit Gottes ist nicht die Verlängerung der Gegenwart.

--- Ewigkeit ist unserer Zeit so transzendent wie Gott unserer Welt transzendent ist. Die Begegnung mit der Ewigkeit selbst

aber, darauf legt der Glaube größten Wert, ist nicht eine Angelegenheit nach der Zeit, sondern in der Zeit. Ewiges Leben ist
geborgenes Leben.

--- Weil das so ist, weil wir in diesem göttlichen Leben wurzeln,
kann für den christlichen Glauben die Flüchtigkeit der Zeit und
das Fragmentarische des Lebens nie das Letzte sein, was über
diese Welt zu sagen ist. Er wird vielmehr sein Augenmerk auf
die Annäherungen, Berührungen, auch Ahnungen richten, wo
Zeit und Ewigkeit sich nahekommen.

--- Die Verschränkung von Zeit und Ewigkeit ist darum seit
jeher Thema des Glaubens. Wohl heißt es bei Jesaja im Chor mit
vielen anderen biblischen Zeugen: »Alles Fleisch ist Gras, und
alle seine Güte ist wie eine Blume auf dem Felde. Das Gras ver-
dorrt, die Blume verwelkt ...« Dann aber fährt der Prophet fort:
»Aber das Wort unseres Gottes bleibt ewiglich« (Jesaja 40,6.8).
Wer im Ohr hat, wie Johannes Brahms diese Stelle in seinem
Requiem vertont hat, bekommt einen Eindruck von dem
machtvollen Umschlagen der Erfahrung des Flüchtigen in die
des Ewigen. Der Glaube weiß: Die Welt ist zeitlich und damit
vergänglich. Aber das, worin sie gründet und was sie erhält, das
göttliche Wort, ist ewig.

--- Dem Glaubenden ist Zeit, mit den Worten des jüdischen
Religionsphilosophen Abraham Heschel, verhüllte Ewigkeit.
Sie ist eine Wirklichkeit, die immer wieder in Augenblicken
aufscheint, wo uns eine Ahnung erfasst, dass das, was ist, nicht
alles ist. In Augenblicken, die erfüllt sind von Leben und einer

Freude, die wir selbst nicht verstehen können. In Momenten des Trostes, wo alle Angst und Unruhe von uns abfällt. Dann erfahren wir unsere Zeit als in Gottes Händen geborgene Zeit, als Fenster zur Ewigkeit.

Der tiefste aller Räume

--- Einmal hört alles auf. Zeit ist begrenzt. Zum Nachdenken über die Zeit gehört darum von jeher das Bedenken des Endes. Zu wissen, dass alles ein Ende hat, ist uns dabei keineswegs Anlass für Trübsinn. In einem biblischen Psalmgebet heißt es: »Herr, lehre uns bedenken, dass wir sterben müssen, auf dass wir klug werden.« Der Gedanke an das Ende, gerade auch der an das eigene Ende, verleiht Weisheit. Denn wer sich darüber im Klaren ist, dass Zeit ein begrenztes Gut ist, wird besonders sorgsam mit ihr umgehen.

--- Davon handelt die Geschichte vom alten König und seinem Sohn. Der alte König war bei seinem Volk für seine Gerechtigkeit und seinen Großmut geachtet und beliebt. Er hatte allerdings eine merkwürdige Eigenart. Einmal am Tag, meistens am Morgen, ging er in den untersten Raum seines Palastes und blieb dort über längere Zeit. Jedermann rätselte, was der König wohl in diesem Raum tat.

--- Als der König sein Ende kommen fühlte, rief er seinen Sohn, um ihm die Herrschaft zu übertragen. Schließlich führte er ihn auch in den Raum, den er selbst täglich aufgesucht hatte.

Wie überrascht war der Sohn, als er diesen Raum betrat. Denn
der Raum war leer.

--- Der König bat seinen Sohn, eine Nacht in diesem tiefsten
aller Räume zu verbringen. Am nächsten Morgen fragte er ihn:
»Was wirst du mit diesem Raum machen, wenn ich gestorben
bin?« Der Sohn zuckte die Achseln: »Ich werde ihn zumauern
lassen.«

--- Da bat ihn der Vater, eine weitere Nacht in diesem Raum zu
verbringen. Wieder stellte er ihm am Morgen die Frage: »Was
wirst du mit diesem Raum machen, wenn ich gestorben bin?«
»Ich habe die ganze Nacht hin und herüberlegt, wie ich diesen
Raum füllen kann«, sagte der Sohn, »aber ich weiß nicht wie.«

--- Da bat ihn der Vater, noch eine dritte Nacht in der Kammer
zu verbringen. Als er am nächsten Morgen hinunterging, fand er
seinen Sohn friedlich schlafend. Ein letztes Mal fragte der Vater:
»Was wirst du machen mit diesem Raum, wenn ich gestorben
bin?« Da antwortete der Sohn: »Ich werde wie du jeden Tag einmal in diesen Raum einkehren.« Kurz darauf starb der König,
und der Sohn regierte so gut wie der Vater.

--- Diese Geschichte erzählt von der elementaren Bedeutung, die die Zeit, die freie, nicht verplante Zeit, für unseren
Lebenshaushalt hat. Es ist längst deutlich geworden, dass
der Raum, der dem alten König so wichtig war, im Grunde
ein Zeitraum ist. Der Zeitraum nämlich, den auch ein König
freihalten muss von Pflicht und Befehl, um ein guter König
sein zu können.

Der Sohn des Königs kann das zunächst nicht verstehen. Er hat Schwierigkeiten, die Leere dieses Raumes auszuhalten. Am liebsten möchte er ihn zumauern oder zuschütten. Erst die Zeit, die er sich auf Geheiß seines Vaters nimmt, lässt ihn die Entdeckung machen, dass es noch etwas anderes gibt als die Welt des Zeitdrucks und der Zeitzwänge, der Imperative und Appelle. In der Tiefe des väterlichen Palastes trifft er auf eine Qualität von Zeit, die quer liegt zu menschlichem Kalkül.

--- Der alte König weiß, dass das Wichtigste im Palast nicht die vielen Räume sind, sondern dass das Fundament entscheidend ist: der freigehaltene Raum in der Tiefe. Hier stoßen wir auf das seltsame Paradox, dass es die Leere ist, die die Fülle ermöglicht. Der Zeitraum, der freigehalten ist von Befehl und Pflicht, von Plan und Kalkül, wird zum Einfallstor einer anderen Zeiterfahrung, zum Fenster der Ewigkeit.

--- Die Befreiung aus der Bedrängnis unserer Zeiterfahrung geschieht da, wo wir in Berührung kommen mit der Tiefendimension unseres Lebenshauses, mit der Erfahrung einer anderen Zeit

Keim der Verwandlung

--- Gottesacker, so heißt in der Tradition der Herrnhuter Brüdergemeinde der Friedhof. Mit der Beschreibung eines solchen Gottesackers beginnt der schwedische Schriftsteller Per Olov Enquist seinen Roman »Levis Reise«.

--- »Die Sonne stand so niedrig, dass die flach aufgemeißelten Rillen der Texte Schatten warfen: die sehr alten Grabinschriften wurden plötzlich sichtbar ... So würde es noch ein paar Minuten bleiben, dann würden die Namen verschwinden. Gott hatte ein paar Minuten lang seinen Acker für mich beleuchtet, danach würden ihre Leben ins Dunkel des Tageslichts treten und die Namen unsichtbar werden.«

--- Dass der Friedhof bei den Herrnhutern »Gottesacker« heißt, hat einen tiefen Sinn. An diesem Ort nämlich geschieht Verwandlung. Was als Korn in die Erde fällt, so der Glaube, wird als Ähre neues Leben gewinnen. Von dieser Verwandlung schrieb schon Paulus an seine Gemeinde in Korinth:

--- »Es wird gesät verweslich und wird auferstehen unverweslich. Es wird gesät in Niedrigkeit und wird auferstehen in Herrlichkeit. Es wird gesät in Armseligkeit und wird auferstehen in Kraft.« (1 Korinther 15,42f.)

--- Auf dem Gottesacker herrscht keine Friedhofsruhe. Wer hier begraben liegt, ist nicht am Ende. Was hier begraben liegt, enthält den Keim zur großen Verwandlung.

--- Aber so wie es zwischen dem ausgesäten Korn und den reifen Ähren keine wirkliche Analogie gibt, so gibt es sie auch nicht zwischen dem toten Leib, der ins Grab gelegt wird, und dem auferstandenen Menschen, von dem wir sagen, er sei in die Ewigkeit gerufen worden. Ewigkeit – was ist das? Ewigkeit überschreitet unsere an Raum und Zeit gebundene Vorstellungskraft. Von ihr wird man nur schwer etwas sagen können. Außer vielleicht: dass sie schön ist. »O Ewigkeit, so schöne, mein Herz an dich gewöhne, mein Heim ist nicht in dieser Zeit«, so hat der evangelische Mystiker Gerhard Tersteegen über sie gedichtet. --- Ewigkeit ist schön. Nicht nur in einem ästhetischen Sinn. Das sicher auch. Schön aber vor allem im Sinn dessen, was Gott am Anfang über seine vor Leben und Lebendigkeit überfließende Schöpfung sagt: Siehe, es war sehr gut und sehr schön! So gut und so schön wie dieser Anfang, so gut und so schön wird auch das Ende sein.

Nichts als fliegen

--- Zur Lebenskunst, der ars vivendi, gehört, das wussten schon die Alten, auch die Kunst des guten Sterbens, die ars moriendi. Letztere ist der Prüfstein dafür, wie tragfähig die Kunst des guten Lebens ist. Wie eng leben und sterben zusammenhängen können, ist mir an einem Interview klargeworden. Darin schildert ein berühmter Trapezkünstler die gefährliche Arbeit der Artisten hoch oben in der Zirkuskuppel, die Kunst, scheinbar schwerelos durch die Luft zu fliegen und sicher auf der anderen Seite zu landen.

--- »Als Luftspringer muss ich absolutes Vertrauen haben auf den, der mich auffängt«, sagt er. »Das Publikum meint immer, ich sei der Star am Trapez. Ich, der Flieger. Aber der wirkliche Star ist mein Fänger. Er muss für mich im Bruchseil einer Sekunde da sein und mich aus der Luft angeln, wenn ich in hohem

Bogen auf ihn zufliege.« »Klappt das denn immer?«, fragt der Interviewer. – »Die Kunst liegt darin«, sagt der Artist, »dass der Flieger nichts tut und der Fänger alles. Wenn ich auf meinen Partner zufliege, muss ich bloß meine Arme und Hände ausstrecken und darauf warten, dass der andere mich auffängt.« »Und Sie tun dabei nichts?« – »Nein, gar nichts«, sagt der Artist. »Das Schlimmste, was ich tun könnte, wäre, nach dem Fänger greifen zu wollen. Ich würde seine oder meine Handgelenke brechen, und das wäre für uns beide das Aus. Nein, ein Flieger soll nichts als fliegen, ein Fänger nichts als auffangen. Ich muss mit ausgestreckten Armen völlig darauf vertrauen, dass der Andere im richtigen Moment nach mir greift.« »Das ist das ganze Geheimnis?« – »Ja, dass der Flieger, der in die Leere hineinspringt, nichts tut. Und der andere, der Fänger, alles.« (aus Henri Nouwen, Die Gabe der Vollendung, Freiburg 1998) Eine starke Vorstellung, finde ich. Eine, die mir verdeutlicht, worin letztendlich die Kunst zu leben wie zu sterben besteht: in diesem Vertrauen, nicht abzustürzen, sondern aufgefangen zu werden. Ob man das lernen kann, solches Vertrauen?

--- Bevor Jesus stirbt, sagte er einen Satz, der vollgesogen ist von diesem Vertrauen: »Vater, in deine Hände befehle ich meinen Geist.« In seiner Todesstunde sagt er ihn, in äußerster Verlassenheit.

--- Diesen Satz kann ich nachsprechen. Die Kraft, die darin steckt, kann ich mir zu Eigen machen. Und so lernen zu vertrauen, dass meine Zeit in Gottes Zeit geborgen ist.

Über das Wasser gehen

--- »Das Evangelium ist eine Kraft Gottes, die da selig macht, alle, die daran glauben«, schreibt Paulus zu Beginn seines Briefes an die Gemeinde in Rom. Glaube ist für ihn Kraft, Dynamik, Power, wie man heute sagen würde. Nicht fromme Meinung, nicht Weltanschauung, nicht Lehrgebäude.

--- Sondern: Kraft zur Rettung, wenn man wörtlich übersetzt. Mir wird dabei klar, an wie vielen Stellen der Bibel von der tragenden Kraft des Glaubens die Rede ist! Als könne dem Missverständnis nicht häufig genug widersprochen werden, der Glaube sei lediglich etwas, das sich im Gemüt religiös begabter Leute abspiele.

--- Dass die Kraft des Glaubens förmlich mit Händen zu greifen ist, macht die Geschichte vom sinkenden Petrus deutlich. Das Bild des von Wind und Wellen umtosten Petrus, der dabei ist unterzugehen, ist mir noch aus meiner Kinderbibel unvergesslich.

--- So geht die Geschichte dazu: Es ist Nacht, und die Jünger geraten mit ihrem Boot auf dem See Genezareth in einen Sturm. Da sehen sie, wie Jesus über die Wellen auf sie zugeht. Er spricht sie an: »Habt Vertrauen, ich bin es; fürchtet euch nicht.«

--- Petrus wagt es, der Aufforderung Jesu zu folgen und verlässt das sichere Boot. Er geht sicher über das Wasser. Aber nur solange, wie er den Blick auf Jesus gerichtet hat. Plötzlich wird ihm die Kühnheit seines Unternehmens bewusst. Wind und Wellen lenken seinen Blick ab. Angst ergreift ihn. Da beginnt er zu versinken. »Warum hast du gezweifelt?«, fragt ihn Jesus und streckt seine Hände nach ihm aus. Er gibt ihm die Kraft zurück, die er braucht, um den bedrohlichen Wasserfluten standhalten zu können.

--- Glaube ist die Kraft, übers Wasser zu gehen. Die Symbolik dieser Geschichte ist deutlich. Sie ermutigt dazu, sich der Macht Jesu anzuvertrauen, die größer ist als die Macht der Naturgewalten.

--- Von Jesus geht Kraft aus. Dem in seinen Ängsten und Zweifeln versinkenden Petrus hat sie geholfen, wieder Grund unter die Füße zu bekommen. Uns kann sie helfen, das Vertrauen zu erneuern in die behütende Macht Gottes. Jeden Morgen neu.

Statt eines Nachwortes

Wie schade, dass so wenig Raum ist
zwischen der Zeit, wo man zu jung,
und der, wo man zu alt ist.

CHARLES DE MONTESQUIEU

Wenn dieses Buch bewirkt hätte, diesen Zwischenraum zu erweitern, würde das den Autor mit großer Freude erfüllen.

Der Matthias-Grünewald-Verlag ist Mitglied der Verlagsgruppe engagement

Umschlaggestaltung: Finken & Bumiller, Saskia Bannasch
Umschlagfoto: © Ramona Schratt
Druck: Kösel, Krugzell
Hergestellt in Deutschland

ISBN 978-3-7867-2861-0